ELOGIOS ~~P~~
LAS SIETE ~~DECISIONES~~

«Las palabras de Andy Andrews, tanto escritas como habladas, son una presencia importante y duradera en las vidas de nuestros comandantes de escuadrón en todo el mundo».

—TENIENTE GENERAL MICHAEL W. WOOLEY
COMANDANTE USAF, COMANDO DE OPERACIONES ESPECIALES
DE LA FUERZA AÉREA

«Andy enseña con humor e historias... la mejor manera de aprender al máximo las lecciones que pueden cambiar tu negocio... y tu vida».

—RHONDA FERGUSON
PRESIDENTE DE FINANCIAL CONCEPTS

«¡Mi amigo Andy Andrews es una inspiración! Lee este libro y encuéntrate».

—REBECCA LUKER
ESTRELLA DE BROADWAY

«Si estás luchando con un pasado turbulento y un futuro incierto, este libro puede llevarte al triunfo».

—JOHN STARR
CEO, KOCH EQUIPMENT, LLC, MIEMBRO DE YPO

«*Las siete decisiones* logra enfocar de manera práctica el exigente equilibrio de la vida entre actuar y simplemente confiar en Dios».

—Josh Jenkins
Presidente y CEO de TreeHouseSEM.com y Ensure Charity

«*Las siete decisiones* une a la perfección los elementos de la vida que difícilmente encajan por sí solos, y que mucho menos se juntan».

—Zach Smith
Presidente de MerchantPlus

«Andy tiene la extraordinaria habilidad de enfocar temas que definen nuestro carácter... en este caso cómo ser firmes cuando es necesario serlo. ¡Brillante trabajo!».

—Doc Foglesong
Presidente de Mississippi State University

«*Las siete decisiones* transciende el entretenimiento. ¡Te animará a convertir tu vida en una obra maestra!».

—Jeremy Burkhardt
Presidente de SpeakerCraft

LAS SIETE DECISIONES

LAS SIETE DECISIONES

CLAVES HACIA EL ÉXITO PERSONAL

ANDY ANDREWS

GRUPO NELSON
Una división de Thomas Nelson Publishers
Desde 1798

NASHVILLE   MÉXICO DF.   RÍO DE JANEIRO

© 2015 por Grupo Nelson®
Publicado en Nashville, Tennessee, Estados Unidos de América. Grupo Nelson, Inc. es una subsidiaria
que pertenece completamente a Thomas Nelson, Inc. Grupo Nelson es una marca registrada de Thomas
Nelson, Inc. www.gruponelson.com

Título en inglés: *The Seven Decisions*
© 2008 por Andy Andrews.
Publicado por W Publishing Group, un sello de Thomas Nelson. Publicado previamente bajo el título
Mastering the Seven Decisions That Determine Personal Success

Las citas bíblicas marcadas «DHH» son de La Biblia Dios Habla Hoy, Tercera edición © Sociedades
Bíblicas Unidas, 1966, 1970, 1979, 1983, 1996. Usada con permiso.

Las citas bíblicas marcadas «NTV» son de la Santa Biblia, Nueva Traducción Viviente, © Tyndale House
Foundation, 2010. Usada con permiso de Tyndale House Publishers, Inc., 351 Executive Dr., Carol
Stream, IL 60188, Estados Unidos de América. Todos los derechos reservados.

Citas bíblicas marcadas «NVI» son de Nueva Versión Internacional® NVI® © 1999 por Biblica, Inc.® Usada
con permiso. Todos los derechos reservados mundialmente.

Las citas bíblicas marcadas «TLA» son de La Traducción en Lenguaje Actual © 2000 por Sociedades
Bíblicas Unidas. Usada con permiso.

Editora en Jefe: *Graciela Lelli*
Traducción: *Ricardo y Mirtha Acosta*
Adaptación del diseño al español: *www.produccioneditorial.com*

ISBN: 978-0-71800-151-3

Impreso en Estados Unidos de América

15 16 17 18 19 RRD 9 8 7 6 5 4 3

A Maryann y Jerry Tyler de Roswell, Georgia

Estoy muy agradecido por el amor, la sabiduría, la fe, la paciencia, y el ejemplo que me han mostrado a lo largo de los años.

CONTENIDO

PRÓLOGO

Cuando mi libro *El regalo del viajero* fue lanzado en 2002, nadie sabía qué esperar. Después de todo, ni siquiera las librerías lograban decidir en qué sección poner el libro. Es evidente que los medios de comunicación tampoco podían decidirlo.

Cuando *Good Morning America* de ABC promocionó el libro, este comenzó a aparecer en todas las listas de éxitos de librería de la nación. El *New York Times* ubicó *El regalo del viajero* en la categoría de ficción. Al mismo tiempo el *Wall Street Journal* lo colocó en la categoría de hechos reales. Barnes & Noble lo situó en superación personal; Amazon.com, en la categoría literatura; *Publisher's Weekly*, en religión; y *USA Today*, en contenido general. Por último, el *New York Times* cambió *El regalo del viajero* a su lista de asesoramiento, lo volvió a poner en ficción, y finalmente lo situó en la lista de categoría comercial, donde permaneció durante diecisiete semanas.

En realidad no me sorprendió la confusión. Veinticinco años de investigación de estas siete decisiones no me han facilitado catalogarlas. Sin embargo, sí demuestran su valor cada vez que pongo una en funcionamiento, o la observo en las vidas de otras personas.

¿Te imaginas? Cada vez que he aprovechado o he visto que alguien aprovecha estas decisiones, ¡funcionan! ¿Por qué? Porque son principios... y los principios siempre funcionan.

Lo que estás a punto de leer no es una obra basada en siete ideas o siete teorías. Son siete hábitos. ¡Ni siquiera son míos! No los inventé ni los descubrí. Simplemente los identifiqué y he pasado más de veinticinco años de investigación personal demostrando su valor. Así que mientras lees, ten en cuenta que los principios funcionan cada vez, y que funcionan sea que los conozcas o no.

He llegado a la conclusión de que los principios del éxito personal (crianza de hijos, relaciones, logros económicos) flotan alrededor de nosotros como el principio de la gravedad. En consecuencia, ¿por qué no aprenderlos y aprovecharlos para crear el futuro que elijamos?

Prepárate para divertirte... ¡y empecemos!

Andy Andrews

Orange Beach, Alabama

CÓMO CREAR LA VIDA QUE ELIGES

DESCUBRAMOS LAS SIETE DECISIONES

En *El regalo del viajero*, el protagonista principal, David Ponder, se encuentra en un difícil apuro: perdió el trabajo, su hija de doce años de edad está enferma, y él no puede pagar el tratamiento. Tras un devastador accidente automovilístico, Ponder es teletransportado a una aventura de descubrimientos donde conoce a siete destacados personajes históricos, cada uno de los cuales le brinda una decisión separada que al tomarla le puede cambiar la vida.

No todos somos tan afortunados como para que se nos ofrezca un escape al dolor y al drama de la vida. Sé que ese no fue mi caso. Me crie en una típica familia de clase media; mis padres me amaban, y yo los amaba, y la vida era fabulosa... hasta que cumplí diecinueve años. Entonces, en un doble golpe que me hizo tambalear, mamá murió de cáncer y papá murió en un accidente automovilístico.

Como es obvio, quedé devastado. Mi confusión y mi dolor rápidamente se transformaron en ira. Yo no tenía muchos familiares extendidos o amigos en quienes apoyarme; por tanto, me las arreglé para agarrar mi terrible situación y empeorarla muchísimo más. Puesto que me hallaba repleto de amargura y de preguntas sin respuesta, una serie de malas decisiones me llevaron a una vida de indigencia (por lo menos una década atrás ser «indigente» aún era ser algo). No tenía a nadie a quien pedir prestados cincuenta dólares, ni tenía casa, ni auto, ni trabajo, ni al parecer futuro. Puedes leer mucho más acerca de este viaje en mi libro *La maleta*.

Al pasar mis noches con frecuencia debajo del muelle estatal en mi recién adoptada ciudad natal de Gulf Shores, Alabama, y dentro y fuera de garajes de propietarios de casas que no sospechaban nada, amargamente recordaba un antiguo adagio de la infancia: «Dios pondrá a un hombre conforme a su corazón donde él lo quiera poner». Recuerdo haber pensado: *Gracias. Me pusiste debajo de un muelle.*

Sintiéndome desesperado e indefenso, no dejaba de pensar en esta única pregunta que implacablemente plagaba mi mente: *¿Es la vida tan solo un billete de lotería?*

¿Cómo es que una persona A llega a tener una familia sana y un trabajo que le gusta, mientras que la persona B termina viviendo debajo de un muelle? ¿Se reduce la vida a una suerte al azar? Yo solía pensar: *Si la vida en realidad es un billete de lotería, y este es mi billete, quizás simplemente puedo renunciar.* Estos fueron mis primeros pensamientos de suicidio.

Amigo, me habría sentido con suerte si me hubieran teletransportado a alguna parte... ¡a cualquier parte! En vez de eso, me encontré haciendo trabajos ocasionales, como limpiar pescado y lavar barcos, y disponía de mucho tiempo, el que a menudo pasaba en la biblioteca. Mi tarjeta bibliotecaria gratuita era mi boleto a una nueva dimensión: un mundo de infinitas posibilidades, pletórico de héroes extraordinarios de todos los ámbitos de la sociedad.

Ante la sugerencia de un anciano que un día apareció de la nada, durante el par de años siguientes leí entre doscientas y trescientas biografías de personas felices, exitosas e influyentes que, en sus maneras únicas, cambiaron el mundo. Algunos de estos individuos amasaron fortunas, pero el dinero no fue lo que me inspiró en ellos. Yo quería encontrar personas que disfrutaran de alegría, felicidad, y éxito en la vida como padres, amigos, empresarios o líderes.

En algún lugar de esa biblioteca mi autocompasión se convirtió en pasión. Me vi envuelto en una misión para averiguar cómo fue que estos individuos lograron triunfar. ¿Qué había de especial en ellos? ¿Cómo llegaron a ser tan afortunados? ¿Hicieron algo específico? ¿Siguieron una fórmula? ¿Fue su religión o su posición social? Yo quería creer que la vida no era tan solo un billete de lotería, influido por un lance de dados. Leí que a Albert Einstein no le gustaba la idea del puro azar, la noción de que Dios jugaba a los dados; por consiguiente, ¿quién era yo para no estar de acuerdo con Einstein?

Busca y hallarás

Sigue pidiendo y recibirás lo que pides;
sigue buscando y encontrarás.

—MATEO 7.7 NTV

Entre las primeras cincuenta biografías que leí estaban las de Winston Churchill, George Washington Carver, Joshua Chamberlain, Will Rogers, Juana de Arco, Abraham Lincoln y Viktor Frankl. Empecé a observar patrones: hilos comunes que parecían entretejidos a través de cada relato histórico. Estos grandes hombres y mujeres percibían el mundo de una manera parecida y eran inspirados por similares sistemas de creencias, con principios parecidos que guiaban sus acciones y sus interacciones con el mundo.

Con gran pasión busqué claves, y curiosamente descubrí siete factores, siete principios claramente identificables que estaban encarnados en cada persona, y que se revelaban en una gama diversa de relatos biográficos.

En algunos casos estos siete principios fueron inspirados en circunstancias difíciles; en otros, los individuos parecieron aprender los principios cuando eran niños.

Me pregunté si yo podría vivir estos principios todos los días, aunque no los había aprendido a temprana edad. ¿Qué pasaría si *yo* los dominaba? ¿Valdría la pena que *mi vida* se escribiera algún día?

En ese momento me convertí en un ratón de laboratorio en mi propio experimento que continúa hasta este mismo instante. En los veinte años siguientes pasé todos los días integrando en mi vida las siete decisiones, y hablando de ellas con otras personas. He tenido amigos que dicen: «Bueno, sin duda has tenido éxito debido a estas siete decisiones». Supongo que la percepción que alguien tenga de mi éxito depende de su propia definición, pero te puedo decir esto: por alguna razón me he convertido en una de las más grandes audiencias del éxito que el mundo ha visto alguna vez.

Por varias razones, he tenido la oportunidad de pasar tiempo con cuatro diferentes presidentes de Estados Unidos de América. He hablado tranquilamente con Bob Hope en la piscina de su patio trasero. He caminado por el bosque con el general Norman Schwarzkopf. He compartido puestos de autobuses con Garth Brooks, Kenny Rogers y Randy Travis, y he pasado tiempo tras bambalinas con Cher y Joan Rivers en Las Vegas. He almorzado con Bart Starr, he recorrido campos de golf con Nancy López, y he desayunado en privado en Dublín con el director del FBI mientras Gerry Adams, líder del Ejército Republicano Irlandés, nos esperaba en el salón contiguo.

Al creer firmemente que la calidad de nuestras respuestas la determina la calidad de nuestras preguntas, he usado estas oportunidades para hacer las que creo que son algunas de las principales. Quise hacer preguntas que confirmaran lo que yo ya sabía, o que me llevaran a una definición más amplia de la verdad. Hice preguntas como estas:

- ¿Qué es lo primero que usted hace cuando está deprimido?
- ¿Cuál es la decisión más importante que alguna vez ha tomado en su vida?
- ¿Cuál es la peor decisión que alguna vez ha tomado en su vida?
- Si le fuera a dar a un joven de dieciocho años un mensaje específico de esperanza, ¿cuál sería?
- ¿Qué es lo más inteligente que sus padres hicieron alguna vez?
- ¿Qué es lo último que usted hace antes de acostarse?
- ¿Cómo influyó alguien en su vida cuando era niño?

Una y otra vez he vuelto a confirmar que las siete decisiones se entretejen a lo largo de las vidas de las personas de éxito.

Cuando la edición en inglés de *El regalo del viajero* se publicó en noviembre de 2002, estas siete decisiones ganaron un público enorme. Mi experimento con estas Decisiones se ha extendido hasta incluir a más de un millón de experimentos individuales en hombres y mujeres de todo el mundo que las están integrando en sus vidas. Cada semana me bendicen las historias de todo tipo de personas que se relacionan con la difícil situación de David Ponder y que experimentaron un cambio en sus vidas como consecuencia de vivir las siete decisiones.

Siete principios, siete decisiones

Recuerda que estas siete decisiones funcionan *todo el tiempo*. Es más, ahora mismo están afectando tu vida, sea que estés consciente o no de ellas. Como analizaremos, nuestros pensamientos labran un sendero hacia nuestro éxito o fracaso. Nuestros pensamientos están determinados por lo bien que comprendamos estos principios, así que profundizaremos un poco en explicar y demostrar estas siete decisiones, ¡a fin de ayudarte a encontrar cualidades que te permitirán crear la persona que siempre has querido ser!

¿Has oído decir que «la ignorancia de la ley no es excusa»? Pues bien, ignorar un principio no es protección a tal principio. El solo hecho de que una persona no sea consciente de un principio particular no significa que ese principio no le esté afectando la vida. Después de todo, el principio de gravedad actuaba mucho tiempo antes de que la manzana cayera sobre la cabeza de Sir Isaac Newton. Sin embargo, una vez que Newton entendió el principio, la humanidad ha podido aprovechar su poder para crear vuelos aéreos, puentes colgantes, y viajes espaciales.

De igual modo, los principios de exitosa crianza de hijos, relaciones y logros económicos también funcionan todo el tiempo. Y todos podemos aprovecharlos. Al aprenderlos y aplicarlos, ¡obviamente podemos crear el futuro de nuestra elección!

Considera el efecto de un principio, como tomar constantemente responsabilidad por nuestra propia vida. ¿Cómo nos mejoraría la experiencia de vida? Pues bien, tan poderoso como un principio pueda ser, ¡imagina el poder de siete principios acumulados! El resultado de agrupar estos siete principios transformadores de vida en una fuerza común sortea cambios menores y graduales para crear una explosión exponencial. Tu vida y las vidas de quienes te rodean se innovarán como consecuencia de dominar las siete decisiones.

Antes de empezar a profundizar, he aquí las siete decisiones que determinan el éxito personal:

Primera: la Decisión Responsable

La responsabilidad es mía. Asumo la responsabilidad de mi pasado. Soy responsable por mi éxito. No permitiré que mi historia controle mi destino.

La Decisión Responsable nos muestra cómo dejar de culpar a otras personas y a las circunstancias externas por lo que somos en la vida. En vez de eso, podemos trazar el curso de nuestra existencia, lo que permite que nuestras vidas se vuelvan testimonio del verdadero poder de elección.

Segunda: la Decisión Guiada

Buscaré la sabiduría. Dios mueve montañas para crear la oportunidad que él escoge. Depende de mí estar listo para moverme.

La Decisión Guiada nos ayuda a descubrir el consejo invaluable a través de libros, de personas y del servicio. Aprendemos a evaluar la cadena de seres influyentes en nuestras vidas, a buscar sabiduría del conocimiento de otros, y, tal vez lo más importante, a comprometernos a una vida de servicio.

Tercera: la Decisión Activa

Soy una persona de acción. Muchos se apartan del camino de una persona que corre; otros quedan atrapados en su estela. ¡Yo seré esa persona que anda de prisa!

La Decisión Activa es un llamado de atención. Tomar acción constante es crucial para la materialización de una vida triunfal. A menudo nos asombran, y hasta nos desconciertan, los logros de personas sumamente exitosas, pero muchos de sus logros ocurren debido a la acción sin tregua.

Cuarta: la Decisión Segura

Tengo un corazón decidido. La crítica, la condenación y la queja son criaturas del viento. Van y vienen en el aliento desperdiciado de seres inferiores que no tienen ningún poder sobre mí.

Con la Decisión Segura aprendemos a abrirnos paso a través del temor y el juicio para ir tras nuestros sueños con determinación y enfoque. Con corazón decidido establecemos nuestro curso y aseguramos nuestro destino.

Quinta: la Decisión Alegre

Hoy decidiré ser feliz. Mi vida está conformada por la elección propia. Primero tomo decisiones. Después mis decisiones me conforman.

La Decisión Alegre es tal vez la más incomprendida de todas las Decisiones. La Decisión Alegre demuestra que la felicidad es una elección, y si tú no eres feliz ahora mismo es una consecuencia de tu propia elección, no de las circunstancias de la vida.

Sexta: la Decisión Compasiva

Saludaré este día con un espíritu de perdón. Sé que Dios casi nunca utiliza a una persona cuya única preocupación es lo que los demás están pensando.

La Decisión Compasiva puede sanarte el corazón, la mente y el alma. Albergar ira y resentimiento envenena nuestras mentes y dificulta nuestra capacidad de vivir las otras seis decisiones con alguna medida de eficacia. El perdón libera nuestros espíritus.

Séptima: la Decisión Persistente

Perseveraré sin hacer excepciones. La razón solo puede ir hacia cierto punto, pero la fe no tiene límites. El único límite de tus logros de mañana es la duda a la que te aferras hoy.

La Decisión Persistente revela un giro fundamental a la noción de persistencia: persistir «sin hacer excepciones» es clave para lograr extraordinarios niveles de éxito en cualquier aspecto de nuestra vida. Cuando continuamente tomamos la Decisión Persistente, nuestro éxito no tiene límites.

VIAJEROS DE LA VIDA REAL

Hasta el día de hoy me encanta leer biografías.

A finales de la década de los ochenta tomé un enfoque más activo para mi estudio del éxito. Además de leer biografías y de entrevistar a algunos individuos extraordinarios, me pregunté: *¿Y si pudiera contactarme con personas exitosas, incluso aquellas que no conozco, y les pidiera que me contaran sus secretos para el éxito y sus estrategias para superar el rechazo y el fracaso?*

Empecé a recopilar una colección de lo que han llegado a ser cientos de cartas personales de individuos exitosos en medios de comunicación, deportes, negocios, arte y política. Íconos modernos como el general Chuck Yeager, Norman Vincent Peale, Dale Earnhardt, Sugar Ray Leonard, Bobby Bowden, Elizabeth Taylor, Mike Eruzione y Orville Redenbacher me narraron algunas de sus victorias y muchas de sus más grandes derrotas.

No sorprende que los principios de las siete decisiones resonaran a través de las cartas, lo que confirmó aún más el estudio. A fin de profundizar nuestro entendimiento de cada decisión he escudriñado centenares de esas cartas y proporcionado versiones editadas de siete de ellas que creo que personifican mejor cada decisión para explicártela.

LAS CUALIDADES DEL LIDERAZGO

El general George S. Patton, que sirvió en ambas guerras mundiales, expresó: «Esté dispuesto a tomar decisiones. Esa es la cualidad más importante de un buen líder».

A medida que leas acerca de las siete decisiones descubrirás que no uso muy a menudo la palabra *liderazgo*, pero que todo lo analizado en este libro refuerza los principios del liderazgo. Las siete decisiones te ayudarán a convertirte en el líder que fuiste destinado a ser.

Tu liderazgo, o habilidad para liderar, es absolutamente crucial para obtener la vida que deseas. Sin embargo, en mi opinión, el liderazgo como un curso o un estudio es exagerado, demasiado complicado, y un obstáculo para muchas personas. No tienes que leer mil libros sobre liderazgo para convertirte en un líder competente.

El secreto del liderazgo es simple. Tú tienes en tu interior las cualidades que necesitas para dirigir personas; lo único que debes hacer es reconocer esas cualidades y comenzar a usarlas. Nuestras creencias generan nuestro éxito o fracaso. Empieza a pensar de modo diferente acerca del líder que ya eres y alterarás tu destino.

Es increíble cuántas personas se me acercan después que he hablado de las siete decisiones, y se lamentan:

—En realidad no soy un líder natural.

EL LIDERAZGO, O TU HABILIDAD PARA LIDERAR, ES ABSOLUTAMENTE CRUCIAL PARA OBTENER LA VIDA QUE DESEAS... EL SECRETO DEL LIDERAZGO ES SIMPLE. TÚ TIENES EN TU INTERIOR LAS CUALIDADES QUE NECESITAS PARA DIRIGIR PERSONAS; LO ÚNICO QUE DEBES HACER ES RECONOCER ESAS CUALIDADES Y COMENZAR A USARLAS.

—Oh, sí, ¡sí lo eres! —suelo contestar—. Eres absolutamente un líder natural.

Quizás muchas personas piensan: *Bueno, no tengo cualidades de liderazgo.*

Sí. Sí, ¡las tienes!

Es importante entender esto antes de entrar de lleno en las siete decisiones.

En esencia, el liderazgo se reduce a dos aspectos: tu perspectiva o tus creencias en cuanto a ti mismo, y una cualidad que podemos denominar «habilidad para armonizar». Habilidad para armonizar se puede definir como la capacidad de cimentar buen entendimiento para que otros te escuchen. Escuchamos a las personas que nos gustan.

Tú ya eres un líder natural. Todo el mundo ha dirigido a alguien, aunque sea a un niño. Hasta cierto punto, liderazgo es simplemente reflejar con convicción tus creencias u opiniones en otros y luego mantenerte fiel a esa convicción, incluso frente a críticas o disensión.

Imagina que estás con algunos amigos, y uno de ellos dice:

—¿Dónde quieren comer?

—No sé. ¿Dónde quieres comer *tú*?

Lo único que se necesita es que alguien diga:

—McDonald's. Vamos a McDonald's.

—Está bien —es probable que todos contesten.

¿Has notado alguna vez que hay una persona en tu grupo que inevitablemente decide qué película verán todos? ¿O a qué restaurante irán a comer?

Existen básicamente dos razones para esto: primera, a todos les gusta esta persona, y segunda, ¡esta persona dice algo! Expresa su opinión. Por lo general los demás se allanan. Quizás no consideres que eso es liderazgo, ¡pero es exactamente de lo se trata el liderazgo!

Estas siete decisiones son un entrenamiento básico en cómo llegar a ser alguien con quien otros quieran estar para luego aumentar tu influencia. Te harán un líder más influyente que cualquier libro sobre destrezas de liderazgo, persuasión, técnicas de cierre, o guiones de ventas, y también te ayudarán a encontrar una plataforma para aplicar todo lo que has aprendido.

Los libros y seminarios sobre ventas, habilidades de liderazgo, y técnicas de cierre son importantes, pero sin la implementación de estas siete decisiones sinceramente no importan. Tú puedes conocer la respuesta «correcta», haber aprendido cada palabra, y saber de memoria toda estadística, pero si otras personas no quieren estar cerca de ti o no te respetan, en realidad no importan todas las respuestas correctas del mundo. Las siete decisiones son la base para cualquier otro mejoramiento de educación comercial. Aunque casi no encontrarás la palabra *liderazgo* a medida que te muevas a través de estas siete decisiones, ten en mente que estos principios te ayudarán a convertirte en el líder que tus hijos, tu cónyuge, tus compañeros de trabajo y tus amigos merecen.

CÓMO LEER ESTE LIBRO

He escrito esta obra con un propósito: ayudarte a dominar las siete decisiones que determinan el éxito personal. La mayoría de nosotros no tenemos el tiempo para leer varios centenares de biografías a fin de entender claramente cómo las personas exitosas de todos los ámbitos de la vida han vivido estos siete principios. *Las siete decisiones* son tu manual personal del propietario para crear la vida que quieres con un mayor nivel de satisfacción.

Ya que he mencionado *El regalo del viajero* un par de veces, déjame decirte que leerlo no es un prerrequisito para beneficiarte de este libro (aunque creo que la historia creará mayor emoción para el viaje que estás a punto de iniciar). Para tu beneficio, se incluyen textualmente las siete decisiones que David Ponder recibió de personajes históricos. Para cada decisión se te presentará una serie de ejercicios que a menudo uso en el Seminario las siete decisiones. Estos ejercicios te ayudarán aún más a integrar las Decisiones en tu vida diaria.

Advertencia: la mayoría de nosotros tendemos a leer de manera pasiva. Nos relajamos o nos acostamos y revisamos las páginas como si estuviéramos en trance. Aunque este estilo podría ser adecuado por el placer de leer, no es el óptimo para procesar esta información. (¿No sería más agradable que esta información se pudiera absorber por medio de ósmosis poniendo el libro sobre nuestras cabezas mientras dormimos en la noche?)

A fin de estimular tu entendimiento de esta información te serviría mejor un estilo más activo de lectura. ¿Qué significa esto?

- releer ciertas secciones que resuenan contigo
- resaltar, subrayar y marcar las páginas a medida que lees
- completar los ejercicios en una libreta o un diario (posiblemente más de una vez)
- practicar constantemente los ejercicios para varios días

Considera que estas siete decisiones no son difíciles de comprender. Es más, una de las razones para que muchas personas no las vivan de manera consciente se debe a que parecen muy sencillas. *¡Sin duda las respuestas a la vida deben ser más complejas que esto!* Esta opinión nos lleva a descartar verdades sencillas.

Tal vez decidas leer este libro sin parar antes de hacer los ejercicios, o quizás quieras «profundizar» en cada decisión, completando cada ejercicio antes de pasar a la sección siguiente. Cualquiera que sea tu preferencia, por favor asegúrate de hacer los ejercicios. Leer el texto simplemente no basta. Completar los ejercicios, incluso repetirlos, te ayudará a dominar todas las decisiones. *Las siete decisiones* es un curso vivencial de aprendizaje, un manual de referencia, y un compañero para tu viaje hacia la vida que deseas.

También recomiendo completar los ejercicios en un cuaderno o un diario, y no en pedazos de papel, a fin de tener un compañero ideal para consultas futuras. Sugiero que inviertas en un diario con portadas de cuero, algo en lo que podrás disfrutar la captura de tus sueños, objetivos, ideas creativas, recuerdos y lecciones de vida. Sí, también puedes hacer esto en una computadora o una tableta; sin embargo, hay algo intrínsecamente poderoso en cuanto a un bonito diario personal. Dicho esto, cualquier cosa que funcione mejor para ti, ¡hazlo!

El poder de la constancia

El éxito perdurable es factible para todos nosotros. Es probable que hayas tomado cada una de las siete decisiones al menos una vez en tu vida. Aunque sencillas de entender, las decisiones no necesariamente son fáciles de cumplir; no obstante, el secreto de un éxito duradero está en la aplicación constante de las siete decisiones.

Nuestra tendencia es intentar algo unas pocas veces, y si funciona lo fortalecemos y seguimos haciéndolo; si no funciona, lo abandonamos. A esto en psicología se le llama ley de los efectos: tendemos a seguir haciendo cosas por las que resultamos premiados al hacerlas. Sin embargo, lo opuesto también es cierto: tendemos a evitar lo que nos castiga o nos produce dolor.

La aplicación consciente y constante de las siete decisiones puede ser un reto al principio. Después de todo, aunque podríamos no amar nuestra vida, esta al menos es conocida... y la familiaridad tiende a generar comodidad (aunque eso signifique estar cómodos con enormes deudas, un empleo insatisfactorio o una relación conflictiva).

Es útil ver la «toma de decisiones» no como una habilidad sino como un músculo. Piensa en el entrenamiento con pesas: cuando tratas de levantar un peso que no estás acostumbrado a levantar, digamos cincuenta libras, es difícil. Aunque completes unas pocas repeticiones, es probable que tu cuerpo más tarde se sienta dolorido por el estiramiento del músculo. Para muchos de nosotros el reto de levantar esas cincuenta libras y el dolor que sigue es suficiente para alejarnos del gimnasio. Sin embargo, si tu compromiso trasciende tu incomodidad temporal, levantarás repetidamente las cincuenta libras hasta que te resulte más fácil, haciendo así desaparecer el dolor muscular a medida que tu cuerpo se adapte. Con el tiempo, a través del esfuerzo constante se logra el dominio: levantar cincuenta libras es fácil porque está dentro de tu dominio de competencia.

La constante aplicación de las siete decisiones produce lo que solo se puede comparar con los milagros: lo que una vez parecía «imposible» se vuelve realidad. Las oportunidades que una vez te rehuían ahora son atraídas hacia ti. Las relaciones disfuncionales se transforman en armoniosas. La vida, que una vez era una lucha, ahora se convierte en una emocionante aventura. Donde una vez percibías limitaciones, ahora ves posibilidades. Pasas de abrirte paso en la vida «empujando» a «permitir» que los regalos de la vida se presenten. Te conviertes en una persona que otros quieren tener cerca, en un mentor, guía y líder. Los cambios que surgen tienen un efecto contagioso en quienes te rodean: cónyuge, familiares, amigos, compañeros de trabajo; incluso personas que conoces en el ascensor o el supermercado resultan inspiradas por la persona en que te has convertido al vivir las siete decisiones.

Las recompensas de adoptar las siete decisiones son incalculables, y es importante tener esto en mente durante las arduas etapas iniciales de la jornada. A fin de cuentas, aquí es donde probablemente van a surgir dificultades. Confía en que las decisiones no te fallarán. ¡A través de la aplicación constante y del esfuerzo de estas siete decisiones descubrirás abundante éxito!

LA DECISIÓN RESPONSABLE

ASUMO LA RESPONSABILIDAD DE MI PASADO.

Si las decisiones son opciones, y nuestro pensamiento dictamina nuestras decisiones, entonces estamos donde hoy estamos debido a nuestro pensamiento.

La Decisión Responsable para el éxito personal es una clave: representa el principio. Asumir la responsabilidad por tu pasado te hará fluir suavemente hacia un extraordinario futuro de tu preferencia.

ASUMO LA RESPONSABILIDAD DE MI PASADO.

Desde este momento en adelante, asumiré la responsabilidad de mi pasado. Comprendo que el principio de la sabiduría es asumir la responsabilidad por mis problemas, y al aceptar la responsabilidad de mi pasado, me libero para avanzar hacia un futuro mejor y más brillante de mi propia elección.

Nunca más culparé a mis padres, a mi esposa, a mi jefe o a otros empleados por mi situación actual. Ni a mis estudios, ni a la falta de ellos, ni a mi genética, ni permitiré que el flujo y el reflujo de las circunstancias de la vida diaria afecten mi futuro de manera negativa. Si me permito culpar a estas fuerzas incontrolables por mi falta de éxito, quedaré para siempre atrapado en la red del pasado. Miraré hacia delante. No dejaré que mi historia controle mi destino.

Asumo la responsabilidad por mi pasado y la acepto. Soy responsable de mi éxito.

Estoy donde estoy hoy, mental, física, espiritual, emocional y financieramente, por decisiones que he tomado. Mis decisiones siempre han estado gobernadas por mi manera de pensar. Por lo tanto, estoy donde estoy hoy, mental, física, espiritual, emocional y financieramente, debido a como pienso. Hoy comenzaré el proceso de cambiar donde estoy (mental, física, espiritual, emocional y financieramente), cambiando la forma en que pienso.

Mis pensamientos serán constructivos, nunca destructivos. Mi mente vivirá en las soluciones del futuro. No morará en los problemas del pasado. Buscaré asociarme con aquellos que trabajan o y se esfuerzan para lograr cambios positivos en el mundo. Nunca buscaré la comodidad asociándome con aquellos que han decidido estar cómodos.

Cuando me enfrente a la oportunidad de tomar una decisión, la tomaré. Comprendo que Dios no me dotó de la capacidad para tomar siempre decisiones correctas. Sin embargo, sí me dio la capacidad de tomar una decisión y entonces hacerlo correctamente. Los altibajos de mi estado de ánimo no deben desviarme de mi curso. Cuando tome una decisión, me mantendré firme. Mi energía estará dirigida a tomar la decisión. No desperdiciaré energía pensando en lo que podría pasar. No pasaré la vida justificándome. Mi vida será una declaración afirmativa.

Asumo la responsabilidad de mi pasado. Controlo mis pensamientos. Controlo mis emociones.

En el futuro, cuando esté tentado a formular la pregunta: «¿Por qué yo?», inmediatamente la contradeciré con la respuesta: «¿Por qué no yo?». Los desafíos son regalos, oportunidades para aprender. Los problemas son el hilo que se entreteje en las vidas de grandes hombres y mujeres. En tiempos de adversidad, no tendré un problema que enfrentar, tendré una decisión que tomar. Mis pensamientos estarán claros. Haré la elección correcta. La adversidad prepara para la grandeza. Aceptaré esta preparación. ¿Por qué yo? ¿Por qué no yo? ¡Estaré preparado para algo grande!

Acepto la responsabilidad de mi pasado. Controlo mis pensamientos. Controlo mis emociones. Soy responsable de mi éxito.

Asumo la responsabilidad de mi pasado.

El juego de buscar culpables

Si quieres oír una gran pelea, simplemente enciende la radio. Esos presentadores son implacables.

—Estas personas deben aceptar su responsabilidad —dice una parte—, y a menos que acepten su responsabilidad...

—Pero no es culpa de ella —contesta la otra parte—. No se les debe culpar. ¿No entiendes que...?

Ambas partes presentan un argumento convincente, pero están equivocadas.

¿A quién o a qué echamos la culpa? Culpamos a nuestros padres. Culpamos al clima. Culpamos a la economía. Culpamos al presidente. Culpamos a nuestros cónyuges. Es increíble en quién pensamos para echarle la culpa.

Nos decimos: *Donde hoy día me encuentro es consecuencia de lo que otras personas* [mis padres, por ejemplo] *y las circunstancias me han hecho*. Al culpar a otras personas y a otros sucesos debilitamos nuestro poder. Debatimos: «No es culpa mía...». Tan pronto como nos adherimos a esta línea de pensamiento, nuestras posibilidades de cualquier tipo de éxito disminuyen de manera dramática.

Cuando me hallaba en mi punto más bajo, sin hogar y viviendo debajo de un muelle, recuerdo que alguien me dijo: «Pues, tú escogiste esto». Al principio eso me enfureció. Recuerdo haber pensado: *Yo no escogí esto. Si mis padres no hubieran muerto, si hubiera habido mayor cobertura de seguros, si alguien me hubiera ayudado, si tan solo...*

El problema con esta línea de pensamiento es que si no aceptas la responsabilidad por la situación en que te encuentras ahora mismo, no tienes esperanza de cambiar tu futuro. Te prometo: si la culpa es del presidente, de tu vecino, de tu cónyuge, del gobierno, del clima, ¡entonces estás realmente atascado! ¿Qué vas a hacer respecto al presidente? ¿Qué puedes hacer con relación al clima? ¿Qué vas a hacer acerca de tu vecino? Te lo diré: ¡nada! Pero si logras encontrar la respuesta a tus problemas en el espejo, si la solución yace dentro de ti, bueno, ¡hay esperanzas ilimitadas porque puedes comenzar hoy mismo a trabajar en ti!

Lo que la mayoría de las personas en las entrevistas radiales no parecen entender es que la responsabilidad no tiene que ver con echar culpas ni en hacerte sentir mal por tu situación. La responsabilidad tiene que ver con la esperanza y el control. Te sientes más esperanzado cuando amplías esta perspectiva muy diferente acerca de la responsabilidad, ¡puedes controlar tu futuro! ¿Quién entre nosotros no anhela un mejor futuro? Estas siete decisiones pueden darte un mejor futuro al afectar las decisiones que tomas hoy.

Tu hora de la verdad es importante. Debes llegar a la realización personal de que aunque creas que no puedes controlar ninguna de las locuras que han sucedido en tu vida, tus decisiones en respuesta a esas locuras son las que te han llevado por este camino que no te gusta.

Tenemos el poder de tomar decisiones que nos llevan a lugares que no nos gustan. ¡Esa es una gran noticia! Si somos capaces de tomar decisiones que nos llevan a lugares que no nos gustan, ¿no es razonable entonces que también podamos tomar decisiones que nos llevarán a un lugar que nos *guste*? Si donde estamos hoy día no está bajo nuestro control, ¿cómo puede ser mejor el destino futuro? El juego entonces se vuelve simple: debemos tomar mejores decisiones.

Forjamos nuestro propio camino. Ahora que estás totalmente consciente de esto, puedes reclamarlo: toma la decisión de asumir la responsabilidad, y empieza a vivir la Decisión Responsable: *soy responsable de mi pasado y de mi futuro.*

¿Por qué es eso importante? A menos que aceptemos la responsabilidad por la situación en que estamos, no tenemos ninguna base para avanzar en nuestras vidas.

EL PODER DEL PENSAMIENTO

La Decisión Responsable consiste en poseer nuestro poder. En cierto sentido, nuestras decisiones nos han convertido en lo que somos hoy. Básicamente, nuestro pensamiento, el lente interior a través del cual vemos el mundo, crea un camino hacia el éxito o el fracaso. Asumir la responsabilidad por nuestras decisiones incluye ser conscientes de nuestra manera de pensar y asumir la responsabilidad por ella. Esta clarificación nos da la base para seguir adelante.

La gente a veces cuestiona esta idea. «Bueno, ¿cómo crea mi pensamiento un camino para el éxito o el fracaso?». A pesar de lo que puedas creer, las influencias externas no son responsables de dónde te hallas física, espiritual, emocional o económicamente en la vida. Solo tú has escogido la senda hacia tu actual destino.

ASUMIR LA RESPONSABILIDAD POR NUESTRAS DECISIONES INCLUYE SER CONSCIENTES DE NUESTRA MANERA DE PENSAR Y ASUMIR LA RESPONSABILIDAD POR ELLA.

Las decisiones son una expresión externa de nuestro pensamiento. La mayoría de las personas están de acuerdo en que sus decisiones las han llevado a donde están. Si quieres crear una senda hacia el éxito con que has soñado, en vez de la realidad que actualmente experimentas, cambia tu manera de pensar.

Estás donde estás debido a cómo piensas. Si estás en mal lugar financiera, física, emocional, social o espiritualmente, ¿qué te dice eso? Recuerda esto: nadie pretende fallar. Nadie dice: «Voy a tomar todas las malas decisiones que posiblemente pueda tomar».

En cambio decimos: «Voy a resolver esto. Voy a hacer lo correcto».

Y sin embargo, ¡a menudo terminamos en un lugar horrible a pesar de nosotros mismos! ¿Cómo ocurre esto? En muchos casos nuestra forma de pensar nos trajo hasta aquí.

La manera principal en que nuestra forma de pensar debe cambiar es entender que *somos responsables por la situación en que nos hallemos.* Si somos responsables por la situación en que nos encontramos, ¡tenemos esperanza! Si somos responsables por dónde estamos, entonces podemos ser responsables por el lugar a donde vamos. Al desconocer la responsabilidad por nuestro presente regalamos nuestro poder y nos negamos un futuro increíble.

A menudo estamos tentados a pensar: *Bueno, esto no es culpa mía.* ¡Qué las palabras *no es culpa mía* nunca vuelvan a salir de nuestra boca! Han estado simbólicamente escritas en las lápidas de individuos fracasados desde que Adán y Eva dieron el primer mordisco a esa fruta.

A menos que asumamos la responsabilidad por dónde nos encontramos, no hay base para seguir adelante. Al asumir la responsabilidad tenemos esperanza.

MANERA RESPONSABLE DE PENSAR

¿Qué pensamientos tienes con regularidad que puedan estar llevándote a un estado infeliz? Muy a menudo estos pensamientos toman la forma de preguntas de derrota. Por ejemplo: «¿Por qué estoy tan gorda?» no es una pregunta que te ayude a entender qué pasos debes seguir para cambiar tu situación. No obstante: «¿Cómo puedo disfrutar de esculpir mi cuerpo ideal y recuperar mi energía?» te moverá en la dirección que deseas ir.

> ¿Qué preguntas haces habitualmente que están obstaculizando tu crecimiento?
>
> En un cuaderno o en tu diario enumera los pensamientos perjudiciales que a menudo tienes. Luego tacha y replantea cada pensamiento en una manera que te dé poder para obtener lo que realmente quieres.

LA CAPTURA DEL PREMIO

En la década de los veinte un conocido y acaudalado industrial controlaba un enorme segmento de la prosperidad de nuestra nación, y con su riqueza compró un zoológico. No se trataba de un zoológico público o ni siquiera privado; era un zoológico personal, localizado en su propiedad para el placer de este hombre y su familia. A dignatarios nacionales se les permitía de vez en cuando ver los animales. En los días previos a los programas de crianza en zoológicos de animales comercializados, el de este hombre tenía una de las colecciones más completas que el mundo jamás había conocido. (Durante esta época los guardianes de zoológicos viajaron a varias naciones, organizaron safaris, y capturaron los animales para traerlos.)

Un día el ricachón oyó hablar de un tipo raro y hermoso de gacela africana que no se exhibía en ningún zoológico del mundo. Se obsesionó con la idea de llegar a ser el primero en tener uno de estos animales en su colección.

AL ENFRENTARME CON LA OPORTUNIDAD DE TOMAR
UNA DECISIÓN, LA TOMARÉ. COMPRENDO QUE DIOS NO
PUSO EN MÍ LA CAPACIDAD DE TOMAR SIEMPRE BUENAS
DECISIONES; SIN EMBARGO, SÍ PUSO EN MÍ LA CAPACIDAD
DE TOMAR UNA DECISIÓN Y LUEGO ENDEREZARLA.

Organizó una expedición a África que incluyó comida, suministros y hombres que transportaran las tiendas. Cuando desembarcaron en la costa africana, el hombre contactó nativos para aprender acerca de este animal y su localización.

—Usted nunca va a capturar uno —le dijeron vez tras vez—. Son demasiado veloces y demasiado fuertes. Podrá dispararles y matarlos desde cierta distancia, pero nunca conseguirá acercarse lo suficiente para capturar vivo a uno.

—No los escuches —manifestó el hombre a un periodista que lo acompañaba en el safari—. ¡Conseguiré tantos como desee! ¡Y eso no será ningún problema!

Cuando sus hombres localizaron una manada, el acaudalado industrial puso en el suelo comida dulce (una mezcla de avena y cebada envuelta en melaza) en un área abierta en medio de la noche y se fue. La noche siguiente volvió a colocar la comida. Durante dos semanas hizo lo mismo, noche tras noche.

Los animales, por supuesto, llegaban y comían ese alimento. La primera noche de la tercera semana, el hombre colocó la comida y enterró un poste de dos metros y medio en el suelo a siete metros de distancia. La noche siguiente puso la comida y enterró otro poste en el suelo a siete metros en dirección opuesta. Cada noche añadió un poste. Entonces comenzó a poner tablas entre los postes mientras colocaba la comida.

Pasaron seis semanas. El hombre continuó añadiendo postes y tablas hasta que tuvo un corral construido alrededor de la comida. Cada noche los animales encontraban los huecos entre los postes hasta que al final el hombre vio que toda la manada se coló por el último hueco. Se movió detrás de ellos y clavó la última tabla en su lugar. Los animales quedaron atrapados dentro del corral.

Entonces escogió los animales que deseaba tener en su zoológico y dejó ir a los demás.

Cuando le preguntaron cómo supo el modo de atraparlos, el hombre dijo algo que me hiela hasta los huesos: «Trato a los animales del mismo modo que trato a las personas: les doy lo que quieren. Les proveo comida y albergue. A cambio, ellas me dan su belleza y su libertad».

CÓMO SE NEGOCIA LA LIBERTAD

¿Estás negociando tu belleza y tu libertad para ayudar a que los sueños de alguien más se hagan realidad? Demasiadas personas cambian su libertad por seguridad, y ni siquiera se dan cuenta de ello. Hay una diferencia entre *una oportunidad que aprovechas* y *una trampa a la que entras*. Ser consciente de la decisión y la trampa es la clave.

La responsabilidad es tuya. Eres responsable de tu pasado y tu futuro. La mala noticia es que el pasado estuvo en tus manos, pero la buena noticia es que el futuro también está en tus manos.

Negocias tu libertad cada vez que culpas a tus padres, tu cónyuge, tu jefe o a un compañero de trabajo por tu situación actual. Negocias tu libertad cada vez que culpas a tu educación (o a la falta de ella), a tu genética, o a los altibajos circunstanciales de la vida cotidiana.

LA MALA NOTICIA ES QUE EL PASADO ESTUVO EN TUS MANOS, PERO LA BUENA NOTICIA ES QUE EL FUTURO TAMBIÉN ESTÁ EN TUS MANOS.

Si culpas a estas incontrolables fuerzas por tu falta de éxito siempre estarás atrapado en la telaraña del pasado, y serás una víctima de tus temores y frustraciones. No puedes permitir que tu historia controle tu destino. Cuando decides asumir la responsabilidad evitas vivir de modo reactivo y vender tu futuro a circunstancias que decides no controlar.

Eres quien eres hoy día (mental, espiritual, emocional, económica y en muchas maneras físicamente) debido a las decisiones que has tomado. Tus decisiones siempre han estado gobernadas por tu manera de pensar. Por tanto, eres quien eres mental, física, espiritual, emocional y económicamente debido a la calidad de tus pensamientos, a las perspectivas que tienes acerca de la vida, y a tus creencias en cuanto a ti y los demás. En otras palabras, debido a tu modo de pensar. ¿Deseas realmente un cambio importante en tu vida? ¡Cambia tu manera de pensar!

CÓMO HACER UN INVENTARIO PERSONAL

Para asumir la responsabilidad por tu vida, primero debes hacer un inventario de dónde estás ahora mismo. En tu diario, en una escala de 1 a 10, siendo 1 miserable y 10 sobresaliente, califica cómo crees que te está yendo en cada una de las siguientes categorías: emocional, económica, física, espiritual, social y profesional, y con tu familia.

VENCE EL TEMOR AL FRACASO

Cuando una persona considera la Decisión Responsable probablemente se confrontará con el temor al fracaso. Una nueva comprensión se establece: *Si estoy en control de mi vida, si fallo, ¡entonces realmente es culpa mía!*

Dios no te proveyó discernimiento para tomar decisiones correctas todo el tiempo. Sin embargo, sí te concedió la capacidad de enderezar las malas decisiones. No permitas que el vaivén de tu ola emocional determine tu curso. Tu vida no debería ser una apología; debería ser una declaración, una extraordinaria demostración de las posibilidades que hay dentro de cada uno de nosotros.

Otra manera de ver el fracaso es preguntarte cómo lo puedes usar para impulsar tu éxito. ¿Es tocar fondo realmente la señal para tu punto crucial? Aunque no sientas que así sea, ¡sí lo es! ¿Por qué? Las grandes ideas y la inspiración a menudo provienen del suelo.

MI MENTE NO HABITARÁ EN LOS PROBLEMAS DEL
PASADO, VIVIRÁ EN LAS SOLUCIONES DEL FUTURO.

Thomas Watson, fundador de IBM, expresó. «Ahí es donde radica el éxito: en el otro extremo del fracaso».

Cuando las cosas no salen como las planeaste, por lo general significa que debes hacer una corrección de curso. Todos hemos oído cómo supuestamente Thomas Edison respondía a la idea de que había fallado diez mil veces en la creación de una bombilla: «No he fallado. Tan solo he descubierto diez mil maneras que no funcionan».

Cuando ves tus fracasos como oportunidades para crecer y descubrir, te liberas del temor al fracaso. ¿Cómo puedes fracasar cuando tus fracasos son simples lecciones que has aprendido en tu camino hacia el triunfo?

CÓMO APRENDER DEL FRACASO

¿Cuál ha sido tu mayor fracaso hasta aquí en la aventura de tu vida?

Piensa en esto. ¿Qué resultó de esa experiencia? ¿Qué aprendiste? ¿Cuán diferente o mejor es tu vida ahora como consecuencia de este «fracaso»?

Escribe en tu diario lo que aprendiste de este fracaso.

INICIATIVA DE OG PARA EL ÉXITO

Quiero contarte la historia de un hombre cuyos fracasos lo llevaron al borde de la destrucción y le hicieron dar marcha atrás, allanando el camino para el impresionante éxito. Quizás reconozcas el nombre Og Mandino, aunque murió en 1996. Sus diecisiete libros aún adornan las estanterías de la mayoría de las librerías en Estados Unidos y el resto del mundo. Este hombre fue una influencia increíble en mi vida, a pesar de que no lo conocí personalmente.

La madre de Og Mandino (su campeona y animadora) le dijo que él podía ser un brillante escritor. Ella murió antes de que su hijo fuera a la universidad. Sin rumbo, Og se unió al ejército después del bachillerado y combatió en la Segunda Guerra Mundial. (Fue bombardero en el mismo escuadrón que Jimmy Stewart.)

Og regresó a Estados Unidos después de la guerra y descubrió que no había muchos empleos para bombarderos que solo tenían educación secundaria. Los diez años siguientes fueron un infierno vivo para él, su esposa y su hija. Se esforzó por vender seguros, y parecía que por mucho que trabajara su joven familia se metía cada vez más en deudas.

Al igual que muchos individuos frustrados, Og reaccionó encubriendo sus problemas. Después de un largo día de visitas de ventas se detenía en el bar para tomarse un trago. Un trago se convertía en dos, dos se convertían en tres, y tres en seis. Finalmente cuando su esposa y su hija ya no pudieron soportar el comportamiento o las palabras de él, lo abandonaron. Los dos años siguientes de su vida fueron confusos. Mandino viajó por el país en un antiguo Ford, haciendo pequeños trabajos con el fin de ganar suficiente dinero para otra botella de vino. Pasó incontables noches literalmente en la cloaca, «un mísero y lamentable ser humano», como él lo indicara.

Una gélida mañana invernal en Cleveland, Og casi toma su vida. Se detuvo ante la vitrina de una sórdida casa de empeños a mirar en el interior una pequeña pistola con una etiqueta amarilla adjunta: $29. Metió la mano al bolsillo y sacó tres billetes de diez dólares. *Podría comprar un par de balas. Volveré a ese cuarto donde me estoy alojando, y nunca tendré que mirarme otra vez al espejo.*

Cualquiera que haya sido la razón, Og no se mató. Años después bromeaba al respecto diciendo que en ese tiempo era un sujeto tan cobarde que ¡no pudo armarse de valor! Ese día mientras la nieve caía en Cleveland, Mandino se alejó de la casa de empeños y se dirigió a una biblioteca pública.

EN EL FUTURO, CUANDO ME SIENTA TENTADO A
PREGUNTAR «¿POR QUÉ YO?», INMEDIATAMENTE
RESPODERÉ: «¿POR QUÉ NO?». LOS RETOS SON REGALOS,
OPORTUNIDADES DE APRENDER. LOS PROBLEMAS SON
EL DENOMINADOR COMÚN A LO LARGO DE LAS VIDAS
DE GRANDES HOMBRES Y MUJERES EN MOMENTOS DE
ADVERSIDAD, NO ME HARÉ UN PROBLEMA AL TRATAR
CON ESO; TENDRÉ UNA DECISIÓN QUE TOMAR.

Og entró a la sección de superación personal y comenzó a leer con fervor. Por varios meses pasó casi todas las tardes y noches en la biblioteca, leyendo libro tras libro hasta que se topó con uno llamado *El éxito a través de una actitud mental positiva*, de W. Clement Stone, presidente y fundador de la compañía de seguros Combined Insurance of America. Og quedó tan impresionado por la idea de que podría imaginar la senda hacia un futuro diferente, que comenzó a aplicar los principios a cada parte de su vida.

Después de convertirse en un exitoso vendedor de seguros para W. Clement Stone, Og hizo lo que su madre siempre había querido que él hiciera (y que él también había querido hacer siempre): se convirtió en escritor para la joven revista de Stone: *Success Unlimited* [Éxito ilimitado]. Con el tiempo se convirtió en el editor de la revista, a la que transformó de ser una publicación interna de la empresa a ser una publicación nacional con doscientos cincuenta mil suscriptores.

Un día, varios meses después de convertirse en editor de la revista, a Og le faltaba un artículo y quedaban solo unos días para el cierre de la edición. No había nada adecuado en los archivos. Ya que era adicto al golf, trabajó toda una noche en un artículo acerca del golfista Ben Hogan, quien había pasado de casi quedar en una silla de ruedas después de un terrible accidente automovilístico, a ganar el U.S. Open.

Og publicó el artículo en *Success Unlimited*, y varias semanas después recibió una carta de un editor de Nueva York a quien le había gustado el artículo sobre Hogan. Le ofreció a Og la oportunidad de que presentara un manuscrito para revisión por parte de la casa editorial. Créeme, ¡esta es la carta que todos los escritores soñamos recibir!

Dieciocho meses después de recibir esa carta, el primer libro de Og, *El vendedor más grande del mundo*, fue publicado. Cuando papá y mamá murieron, y terminé durmiendo debajo de un muelle, con mi propia vida en un total callejón sin salida, fue ese libro junto con su pequeño corolario, *El secreto más grande del mundo*, el que yo leía una y otra vez.

Es absolutamente increíble ver lo que ha ocurrido desde aquella primera impresión de cinco mil ejemplares de ese libro. Pronto las ventas totales alcanzaron trescientos cincuenta mil ejemplares, y luego quinientos mil. Desde la muerte de Og Mandino, en 1996, el libro ha seguido vendiéndose, llegando a más de cincuenta millones de ejemplares vendidos de todos sus libros.

La mayor parte de los escritos de Og fueron acerca de personas en situaciones difíciles que superaron sus problemas y consiguieron un éxito extraordinario. Los fracasos de estos individuos se convirtieron en la inspiración de Og para ayudar a otros hombres y mujeres a no rendirse hasta que la marea cambiara. Og Mandino se fue hace años, pero ya que estuvo dispuesto a construir sobre su fracaso, su legado perdura, y él continúa inspirando a millones de personas.

EL EFECTO DE NUESTRAS DECISIONES

Para entender completamente lo que debes hacer donde estás como resultado de tus decisiones, haz lo siguiente:

Elige un aspecto de tu vida del ejercicio «Cómo hacer un inventario personal» en la página 11.

1. Reflexiona en las decisiones que has tomado en el pasado que hayan contribuido a tu actual situación. Si eliges finanzas, considera las decisiones que contribuyeron a tu actual realidad económica. Por ejemplo, quizás tomaste la decisión de empezar un negocio o de quedarte en tu trabajo actual. O tal vez pudiste haber contribuido más a tu plan de jubilación. El propósito de este ejercicio no es hacerte sentir mal por decisiones pasadas, sino rastrear tus decisiones hasta donde te encuentras ahora. Recuerda que toda decisión de *no* hacer algo sigue siendo una decisión.

2. Enumera al menos cinco decisiones (pequeñas o grandes) que tomaste o no tomaste en los últimos cinco años y que han contribuido a tu situación actual en ese aspecto de tu vida.

¿Observas algún patrón? ¿Estás comenzando a ver que tienes mayor poder para influir en tus resultados de lo que tal vez antes comprendías?

UN WASHINGTON DERROTADO

Han pasado más de doscientos años desde que George Washington estuvo entre los admirables patriotas de Estados Unidos iniciales. Comandante en Jefe del ejército continental durante la revolución estadounidense y primer presidente de la nación, Washington dejó un legado arraigado en la estructura de nuestro país durante más de dos siglos. Es curioso que Washington nunca quisiera ser presidente; valoraba su vida privada con su esposa Martha. Su disposición de sacrificar sus propios deseos para generaciones futuras puso el fundamento sobre el cual se dio inicio al sueño estadounidense.

El valor, la determinación y el carácter de Washington, y sobre todo su sentido de responsabilidad, inspiraron a sus compatriotas. Constantemente tomó la Decisión Responsable.

La tarea compleja de establecer una nación se forjó con retos y errores para Washington. Afortunadamente, las equivocaciones que cometió en sus últimos años se parecieron muy poco a los graves desatinos que el padre de nuestra nación cometió durante el inicio de su carrera militar. Estas lecciones costaron las vidas de muchos hombres valientes y honorables bajo su mando, y casi resultaron en su propia muerte. Como la providencia lo habría querido, Washington logró asumir la responsabilidad, aprender de sus errores, y convertir sus primeras derrotas en lo que vemos hoy día como una vida victoriosa.

En 1754, cuando era un joven comandante de la milicia de Virginia, Washington recibió la orden de llevar a trescientos cincuenta reclutas a través del desierto hasta el ocupado por los franceses Fort Duquesne, que en la actualidad es Pittsburgh. Viajando a poco más de seis kilómetros diarios, la milicia acampó en un lugar como a sesenta y cinco kilómetros de Fort Duquesne y levantó un fuerte llamado Fort Necessity.

Avanzaron en territorio enemigo hasta que setecientos soldados franceses y sus aliados indios enfrentaron a Washington y sus hombres, obligándolos a retroceder hasta Fort Necessity. El fuerte no estuvo a la altura de su nombre. Su ubicación hacía imposible defenderlo porque se hallaba rodeado de colinas que eran perfectos escondites desde los cuales los combatientes franceses e indígenas podían atacar. El enemigo se tomó su tiempo, disparando sobre Washington y sus hombres por detrás de rocas y árboles. Muchos de los hombres de Washington estaban borrachos, y las víctimas comenzaron a aumentar. En nueve cortas horas, con treinta muertos, setenta heridos, y muchos más desertores, la batalla había terminado.

Derrotado, Washington se vio obligado a entregar su espada y firmar apresuradamente artículos redactados de rendición a la luz de las velas bajo una lluvia torrencial. George Washington, el futuro «padre de nuestra nación», perdió de un solo golpe su primera batalla, su primer fuerte y su primer mando. A causa de su humillante derrota, los franceses controlaron todo el valle de Ohio, y los indios atacaron libremente a los colonos a todo lo largo de la frontera.

Mientras Washington regresaba cojeando a Virginia, a su amado Mount Vernon, resolvió aprender de su miserable fracaso. No puso excusas. No dijo: «Bueno, ellos tenían más hombres que nosotros», o «Pues bien, mis hombres estaban borrachos y no eran tan diestros». En vez de eso, de la guerra de guerrillas de los indios, Washington aprendió a usar estrategias.

Durante la revolución estadounidense, Washington recordó sus primeras lecciones en las batallas de Trenton y de King's Mountain.

Los colonos atacaron a las orgullosas fuerzas británicas protegidos por rocas y árboles, expulsándolos y humillándolos antes de lograr una victoria total para la nueva nación.

Cuando asumimos la responsabilidad nos damos cuenta de que el fracaso puede ser un salón de clases para las más profundas lecciones hacia el éxito.

CÓMO ELABORAR TU MISIÓN FINAL

Muchas personas se quejan por dónde están en la vida; sin embargo, pocas saben dónde quieren estar. En el ejercicio «Cómo hacer un inventario personal» en la página 11, califica cada aspecto importante de tu vida en una escala de 1 a 10. ¿Sabes cómo se vería un 10 para ti?

Como has oído antes, si no sabes a dónde vas, será toda una lucha llegar allí. O como Yogi Berra declarara: «Si no sabes a dónde vas, terminarás en cualquier otra parte».

Piensa en el estilo general de vida que quieres crear, y elabora la Visión Final de tu vida, la que se verá cuando se llega a un 10. He aquí algunas preguntas que te debes hacer:

1. ¿Cómo serán tus relaciones dentro de tu familia en lo social y en lo profesional?
2. ¿Cómo será tu economía? ¿Cómo se verán tus asuntos comerciales?
3. ¿Cómo serán tus patrones emocionales generales? ¿Serás un amo de tus emociones? ¿Cómo sabrás cuándo seas *realmente* feliz?

4. ¿En qué aspectos de tu vida crecerás más? ¿Qué atraerás a tu vida como consecuencia de tu crecimiento?
5. ¿Cómo te conducirás en situaciones difíciles?
6. ¿Cómo crecerás espiritualmente?

ACEPTA EL REGALO DE LA ADVERSIDAD

De vuelta a la época en que me hallaba leyendo todas esas biografías, además de descubrir siete denominadores comunes me di cuenta de un factor adicional que se encuentra en cada caso individual: cada persona debió batallar con la adversidad. Es más, los problemas parecieron ser una experiencia común de grandes personas a lo largo del tiempo.

Así es: las historias de ricos, influyentes y prósperos transformadores del mundo están constantemente plagadas de adversidad. Cada uno recibió el reto de aceptar la responsabilidad por sus decisiones y circunstancias... y cada uno lo hizo. Pero estoy seguro de que fueron tentados a jugar a ser las víctimas, igual que hacemos casi todos, y a preguntar: *¿Por qué a mí?*

Cuando mis padres murieron y me quedé sin dinero (cuando las cosas fueron de mal en peor), mi estribillo constante era: *¿Por qué a mí? ¿Por qué me está sucediendo esto?* Me despertaba con *¿por qué a mí?* Me acostaba con *¿por qué a mí?* Andaba todo el largo día pensando: *¿Por qué a mí?*

NUNCA VOLVERÉ A CULPAR A MI PASADO POR MI CONDICIÓN ACTUAL. MIRARÉ HACIA DELANTE. NO DEJARÉ QUE MI HISTORIA CONTROLE MI DESTINO.

Mi vida comenzó a cambiar cuando comprendí que la adversidad es una experiencia común de las grandes personas. En lugar de sentir lástima por mí, empecé a emocionarme. Entendí que la adversidad es más como un puente de peaje que una barricada infranqueable en el camino hacia el éxito. Mis problemas se volvieron menos invasivos, ya no me sentía como si *siempre* fueran a estar allí. Por desgracia, muchas personas huyen de sus problemas, sin darse cuenta de que estos son paradas necesarias en el camino hacia la vida que deseas.

Empecé a preguntarme: *¿Es la adversidad lo que ayuda a las personas a llegar a ser grandes?* Superar la adversidad fortaleció mis habilidades para resolver problemas, y demostrar una respuesta positiva ante la adversidad atrajo magnéticamente a las personas hacia mí.

La adversidad te prepara para la grandeza. Los retos son regalos. Los problemas presentan oportunidades para aprender y crecer. En tiempos de adversidad no tienes un problema con el cual tratar; tienes una decisión que tomar.

¿Por qué tú?

¿Por qué *no*?

¿Por qué no deberías estar preparado para algo grande?

CÓMO DESCUBRIR TU IDENTIDAD FUTURA

Ahora que has identificado tu Visión Final, pregúntate: *¿Qué necesito para llegar a cristalizar esta visión?* Albert Einstein declaró: «Un problema no se puede resolver con el mismo conocimiento que lo creó». Sea que te guste o no, estás donde te encuentras debido a *lo que eres* ahora mismo. Igual que un espíritu humano con enorme potencial, estás atado únicamente por las limitaciones que tú mismo te has impuesto.

> Revisa tu Visión Final. Contesta la pregunta: «¿En quién tengo que convertirme para materializar esta visión?».
>
> ¿Cómo deberás tratar a los demás? ¿Cómo deberás tratarte? ¿Qué tendrás que leer y estudiar? ¿Qué lecciones deberás aprender? ¿De quiénes tendrás que rodearte? ¿Qué tendrás que pensar y creer respecto de ti mismo? ¿Qué deberás creer acerca de quienes te rodean?
>
> Registra en tu diario todas las ideas que puedas.

PERFIL DEL VERDADERO VIAJERO: JIMMY DEAN

Conocí a Jimmy Dean en un estudio de televisión en Nashville, donde grabábamos un programa. Siempre disfruté hablar con él, me encantaba su gran humor, ¡y me contó algunos de los mejores chistes que alguna vez he oído!

En 1928, el señor Dean nació en la pobreza en una hacienda en Plainview, Texas. Comenzó su carrera musical tocando en clubes nocturnos y en la radio. En la década de los sesenta se convirtió en una personalidad conocida a nivel nacional a través de sus populares programas de televisión en CBS y ABC, y fue el primer invitado de Johnny Carson en *The Tonight Show*. Su álbum de música country ganador del Grammy *Big Bad John* vendió más de seis millones de discos. Irónicamente, fue una función benéfica en que participó a beneficio de una estrella desaparecida de música country la que llevó a Jimmy Dean a un cambio de carrera que lo lanzó a un éxito económico aún más grande. Jimmy me dijo que esa noche salió del concierto pensando: *Por Dios, ¡nadie va alguna vez a tener que hacer una función benéfica por Jimmy Dean!*

En el transcurso de un año, Jimmy se diversificó del mundo del entretenimiento, lanzando una exitosa línea alimentaria que incluía la salchicha más popular de la nación. En 1985 Jimmy Dean Foods se fusionó con Sara Lee Corporation para lograr ventas combinadas anuales de más de quinientos millones de dólares. El hombre fue aceptado en el Salón de la Fama de la Música Country de Texas en 2005, y una muestra de su vida se exhibe en el Museo de Música Country de Texas en Carthage, Texas.

Mira cómo Jimmy Dean personifica la Decisión Responsable.

Querido Andy:

En tu carta te dirigiste a mi «éxito y riqueza». Para mí, éxito y riqueza siempre han sido un estado mental. Mi abuelo, W. J. Taylor, fue el hombre más próspero y rico que he conocido, y dudo seriamente que alguna vez haya ganado más de $10.000 en determinado año de su vida. Sin embargo, fue el mejor hacendado en el condado Hale, Texas. Él sabía eso. Tenía las cercas más rectas y los surcos más limpios, el granero más nítido y la casa más aseada. Crio nueve hijos; tenía una gran relación con el Ser Supremo y una profunda paz interior. Para mí, esto es éxito y riqueza.

Muchos me miran y dicen: «Este tipo es el sinvergüenza con más suerte que jamás he conocido». Es cierto, he tenido mucha suerte, pero las cosas no siempre fueron ni son fáciles. Probablemente he tenido tantos rechazos como aceptaciones, pero he comprobado que si no fuera por los caminos escabrosos, no apreciaríamos las súper carreteras.

Ser derribado es parte de la vida, como también lo es levantarse; y no me interesan las personas que no logran recuperarse de los garrotazos que producen los reveses temporales. Poder manejar los reveses temporales (observa que no hablo de derrota; la palabra *derrota* no está en mi vocabulario), superarlos y ponerte de pie es lo que nos da derecho a las más dulces reverencias de la victoria.

Por desgracia, en este maravilloso país hemos creado un elemento que consiente el darse por vencido. En mi opinión, cuando nuestro gran presidente Franklin Delano Roosevelt decidió que era apropiado compensar a las personas por la no productividad, esa fue la más grave equivocación que hayamos cometido alguna vez.

El buen Libro declara: «Ganarás el pan con el sudor de tu frente», como debe ser. No me interesa nadie que pueda valerse por sí mismo y no lo haga. Recuerdo una vez en que le dije a mi hijo menor, Robert, que yo mismo había labrado mi destino, y él contestó: «Eso es lo que me gusta de ti, papá, no le echas la culpa a nadie por nada». Es simplemente que esta nación ha sido tan maravillosa para conmigo, que me gustaría que siguiera siendo la tierra de la oportunidad para mis nietos y bisnietos.

Siento que en vez de crear todos los días otra organización para los débiles, deberíamos crear organizaciones que hagan a las personas querer pararse sobre sus propios pies y decir: «Creo en mí». No podemos crear un embrollo de mediocridad que haga sentir a las personas que el mundo les debe la vida.

Cada vez que hablo así, alguien invariablemente expresa: «Para ti es fácil hablar de ese modo; el Señor te dio el talento». Claro que me dio el talento; él dio talento a cada individuo. Mi más grande temor es que con todas nuestras ayudas del gobierno federal y estatal, de la ciudad, del condado, etc., lo que van a lograr es que muchos individuos maravillosamente talentosos nunca se verán obligados a averiguar cuáles son sus talentos.

Atentamente,

Jimmy Dean
JD:bmm

DOS

La Decisión Guiada

BUSCARÉ SABIDURÍA.

Dios mueve montañas con el fin de crear la oportunidad que ha elegido. De mí depende estar listo para moverme.

Tu pasado no se puede cambiar, pero cambiarás tu futuro al cambiar tus acciones de hoy. La Decisión Guiada nos enseña a buscar activamente sabiduría que nos ayude a elaborar vidas de logros extraordinarios.

BUSCARÉ SABIDURÍA.

Con la certeza de que la sabiduría está a la espera de que la adquieran, la buscaré activamente. Mi pasado nunca se podrá cambiar, pero puedo cambiar el futuro cambiando hoy mis acciones. ¡Cambiaré mis acciones hoy! Entrenaré mis ojos y oídos para leer y escuchar libros y grabaciones que traigan cambios positivos en mis relaciones personales y una mayor comprensión de mis semejantes. Ya no bombardearé más mi mente con materiales que alimenten mis dudas y temores. Leeré y escucharé solo lo que acreciente la fe en mí mismo y en mi futuro.

Buscaré la sabiduría. Escogeré mis amistades con cuidado.

Soy lo que son mis amistades. Hablo el mismo idioma de ellos y uso la misma ropa que ellos. Comparto sus opiniones y sus hábitos. Desde este momento en adelante, elegiré asociarme con gente cuyas vidas y estilos de vida admiro. Si me asocio con pollos, aprenderé a picotear el suelo y reñir por las migajas. Si me asocio con águilas, aprenderé a remontarme a grandes alturas. Soy un águila. Mi destino es volar.

Buscaré la sabiduría. Escucharé el consejo de los sabios.

Las palabras de un hombre sabio son como gotas de lluvia sobre tierra seca. Son preciosas y pueden ser usadas rápidamente con resultados inmediatos. Solo la brizna de césped que captura una gota de lluvia crecerá y prosperará. La persona que pasa por alto el sabio consejo es como una brizna de césped que no es tocada por la lluvia;

pronto se marchitará y morirá. Cuando solo tomo mi propio consejo, tomo decisiones solo de acuerdo con lo que ya sé. Cuando pido el consejo de un hombre sabio, añado sus conocimientos y experiencia a los míos, y mi éxito aumenta de manera dramática.

Buscaré la sabiduría. Seré siervo de otros.

Un hombre sabio cultivará un espíritu de siervo porque ese atributo particular atrae a la gente como ningún otro. Cuando sirvo humildemente a otros, ellos compartirán libremente su sabiduría conmigo. A menudo, la persona que desarrolla un espíritu de siervo llega a disfrutar de abundancia. Muchas veces, un siervo es escuchado por un rey, y un humilde siervo se convierte a menudo en rey, porque él es la elección popular de la gente. El que más sirve es el que crece con más rapidez.

Me convertiré en un humilde siervo. No buscaré a alguien para que me abra la puerta; buscaré abrirle la puerta a alguien. No me afligiré cuando no haya nadie para ayudarme; me animaré cuando tenga una oportunidad de ayudar.

Seré siervo de otros. Escucharé el consejo de los sabios. Escogeré mis amistades con cuidado.

Buscaré la sabiduría.

LA BÚSQUEDA DE SABIDURÍA

La mayoría de las personas confunden sabiduría con educación, como un diploma de bachillerato o un título universitario. Buscar sabiduría no es lo mismo que obtener conocimiento: el conocimiento es un precursor de la sabiduría. La sabiduría incluye un elemento intuitivo, una nueva percepción obtenida por experiencia personal que nos sirve cuando tomamos decisiones en nuestras vidas. Buscar sabiduría debe ser un proceso continuo. La humildad de quien busca sabiduría es una característica distintiva de individuos influyentes, acaudalados y prósperos.

La sabiduría está a disposición de todos, y espera que la conozcan. No puede canjearse ni venderse; es un regalo exclusivo para los diligentes, porque únicamente los diligentes pueden hallarla. El individuo perezoso no se ve en el primer lugar.

Dios mueve montañas con el fin de crear la oportunidad que ha elegido. De mí depende estar listo para moverme.

Hay tres cosas sencillas que puedes hacer todos los días para trazar tu búsqueda perenne de sabiduría: leer, recibir el consejo de otros, y servir a otros. Podrían parecer obvias, pero trágicamente gran parte de nuestra sociedad ha pasado por alto estos privilegios sencillos y fundamentales a pesar de su disponibilidad.

PALABRAS DE SABIDURÍA

Primero, lee.

Lo sé, estás pensando: *¿Leer? ¿Es eso todo?*

Sí. Leer.

Lee libros. Las revistas, los periódicos y los medios sociales informan y entretienen, pero por lo general la sabiduría no se encuentra en ellos.

Se nos anima a leer libros cuando niños, pero como adultos se nos olvida este consejo fundamental. ¿Cómo llamas a un niño que lee dos libros al año? Un lento. ¿Cómo llamas a un adulto que lee dos libros al año? Alguien *normal*. Es asombroso que el promedio nacional de libros leídos por los estadounidenses sea de *menos de dos libros por año*.

No me creerías cuántas veces he tenido personas que se jactan ante mí: «Me propuse cuando salí de la universidad que nunca volvería a leer otro libro. Y he cumplido mi palabra. Leo revistas y periódicos, pero no he leído otro libro. No he leído un libro en veinte años».

¡Y se enorgullecen de eso! Yo sonrío, asiento, y pienso con tristeza: *Estos individuos no están en la senda de mi búsqueda personal de sabiduría.* No son personas a quienes pueda darme el lujo de tener cerca de mí. Su búsqueda de sabiduría terminó hace años.

Tú, mi amigo, es evidente que ya sabes que pocas cosas te afectan como el tiempo a solas con un buen libro y un resaltador en la mano. Y el resaltador o el bolígrafo son cruciales. No debemos sentarnos con el libro en las manos, esperando pasivamente que algunas palabras profundas de sabiduría salten de la página; al contrario, debemos estar *activamente* buscando sabiduría. Incluso ahora mientras lees estas palabras, mantente en la búsqueda de algo que *cambiará todo.* Una idea tiene el poder de transformar tu vida para siempre, pero primero debes reconocerla.

EL PASADO NUNCA CAMBIA, PERO PUEDES CAMBIAR
EL FUTURO AL CAMBIAR TUS ACCIONES DE HOY.
REALMENTE SE TRATA DE UN PROCESO MUY SENCILLO.
COMO SERES HUMANOS SIEMPRE ESTAMOS EN UN
PROCESO DE CAMBIO. POR TANTO, TAMBIÉN PODRÍAMOS
GUIAR LA DIRECCIÓN EN QUE CAMBIAREMOS.

Si crees no poder sacar tiempo para leer, siempre puedes escuchar libros en audio. Cada vez que en un seminario digo algo como esto, las personas a menudo me cuestionan: «No sabes cómo es mi vida. Tengo un empleo, Mi esposa tiene un empleo. Tengo hijos. Soy presidente del club social. ¿Me estás diciendo que quieres que lea libros y que escuche grabaciones?».

Las personas creen que deben limpiar la casa y poner en orden su agenda, sentarse en la mesa con un bolígrafo y un papel, y mirar hacia la pared con los audífonos puestos mientras hacen anotaciones. No tienes que prestar atención así. Lo único que tienes que hacer es presionar el botón de inicio. Escucha mientras estás cocinando, cortando el pasto, o llevando a tus hijos a la escuela. Escucha mientras te bañas. Escucha mientras duermes. Lo conseguirás. Después de todo, ten en cuenta la cantidad de canciones publicitarias o de programas de televisión que sin darte cuenta has memorizado de manera inadvertida. Si algo se ha de programar en tu mente subconsciente, ¿por qué no *elegir* la programación? ¿Por qué no elegir algo que puede cambiar el futuro de tu familia por generaciones?

Existen muchas alternativas, prácticamente con millones de libros y programas de audio que se pueden comprar por Internet o a través de tu librería local. Además, tu biblioteca local es un tesoro en espera de ser descubierto. Para encontrar tu próximo tesoro, habla de tus intereses con un amigo a quien admires, averigua qué se ha hecho bien en el mercado, o lee reseñas en las librerías en línea. Con frecuencia me entero de un gran libro porque se habla de él en otro libro que estoy leyendo, como si se me llevara de un libro al otro en una cadena continua de sabiduría.

Si estás buscando algo sobre liderazgo es posible que quieras echar un vistazo a John Maxwell. De sus obras, mi favorita es *Las 21 leyes irrefutables del liderazgo*. Og Mandino escribió durante su vida una biblioteca que ha cambiado las vidas de millones de personas. El secreto más grande del mundo cambió mi vida. Leí ese libro por lo menos cuatrocientas veces. La gente a menudo ha comentado: «Tienes que estar bromeando. ¿Un libro? ¿Leíste un libro cuatrocientas veces? Quiero decir: ¿qué es lo que no entendiste?».

No leo solo por leer, para añadir a mi mochila de libros leídos. Leo en busca de sabiduría. Si quieres sabiduría, lee.

CÓMO CONSTRUIR TU BIBLIOTECA PERSONAL

Se puede encontrar sabiduría en las palabras de hombres y mujeres de éxito a lo largo de la historia. Eres aquello con lo que pasas tiempo y lo que lees. No hay nada malo en leer revistas para entretenerte, pero la sabiduría por lo general se halla en libros de no ficción o de ficción con un punto o propósito específico.

A menudo nos acondicionamos a leer «accidentalmente» solo libros de no ficción que están relacionados con nuestra esfera principal de interés (por ejemplo, lo que hacemos para vivir). A veces es útil explorar temas que no parecen tener nada que ver con tus esfuerzos laborales y dejar que tu mente haga sus propias conexiones.

Por ejemplo, tal vez siempre te ha interesado estudiar creatividad, pintura, vida acuática, biología teórica, mecánica cuántica, costura, cestería, jardinería, finanzas personales, marcas, bienes raíces, arquitectura, liderazgo, ventas o investigación del conocimiento. Cualquier tema puede ser útil si estás accesible y listo para recibir las conexiones.

Enumera en tu diario diez temas acerca de los que siempre hayas tenido curiosidad. Dentro de las próximas veinticuatro horas conéctate en línea o visita tu librería o biblioteca local a fin de escoger algunos títulos que despierten tu interés.

EL PODER DE LA COMUNIÓN

Como seres humanos, siempre estamos cambiando. El pasado no se puede cambiar, pero sí puedes cambiar tu futuro cambiando tus acciones de hoy. El cambio es inevitable, por lo cual podemos guiar la dirección en que cambiamos.

Entonces, ¿cómo puedes guiar la dirección de tu cambio? Además de leer, debes elegir tus compañeros sabiamente.

Todos sabemos cuán importante es el correcto grupo de amigos para los niños. La mayoría de los padres se preocupan desesperadamente en cuanto a los amigos con los que sus hijos se relacionan; comprendemos que es muy probable que nuestros hijos lleguen a ser como esos amigos. Si los compañeros de nuestros hijos consumen drogas, tienen relaciones sexuales, o dicen vulgaridades, es obvio que nuestros hijos están en un riesgo mayor de exhibir comportamientos parecidos.

Nos preocupa la elección de compañeros de nuestros hijos, y sin embargo hacemos caso omiso a este principio en la edad adulta. ¿A qué edad este principio deja de obrar en la vida de alguien? ¿Nos volvemos inmunes a la influencia de otros a los dieciocho años? ¿A los veintiuno? ¿O tal vez esto ya no sea un factor a los treinta y cinco o cuarenta años de edad?

Tú sabes la respuesta: esto siempre es un factor. Si te rodeas de personas que hablan groserías, tu lenguaje tenderá hacia eso mismo. Si pasas tiempo con individuos que tienen ciertos puntos de vista, estos te persuadirán. Si pasas tiempo con sujetos perezosos, tenderás hacia la pereza. Si te sientes cómodo con individuos que se la pasan inventando excusas, te sentirás inclinado también a inventar excusas.

TEN MUCHO CUIDADO CON QUIÉNES TE
VAYAS A ASOCIAR. CADA VEZ QUE TOLERAS LA
MEDIOCRIDAD EN TU ELECCIÓN DE COMPAÑEROS,
TE SIENTES MÁS CÓMODO CON LA MEDIOCRIDAD
EN TU PROPIA VIDA. SI UN INDIVIDUO PEREZOSO

NO CONSTITUYE UNA IRRITACIÓN PARA TI, ES UNA
SEÑAL DE QUE HAS ACEPTADO LA PEREZA COMO
UNA FORMA DE VIDA.

Cuando toleras la mediocridad en tu elección de compañeros estarás más receptivo a aceptar la mediocridad en tu propia vida. He aquí algo en que debes pensar: si una persona perezosa no constituye una irritación para ti, es una señal de que has aceptado la pereza como algo «normal» en tu propia vida.

Es fundamental elegir con cuidado a tus amistades. Suelo preguntar a menudo: «¿Qué es para ti un verdadero amigo?».

Más de 80% del tiempo me contestan: «Un verdadero amigo es alguien que me acepta tal como soy».

Mi amigo, esta es una basura peligrosa de creer. *¿Es un amigo verdadero alguien que te acepta tal como eres?* El chico que trabaja en la ventanilla del restaurante local de comida rápida te acepta como eres porque no le importa nada relacionado contigo. Un verdadero amigo te tiene en una norma más elevada; espera que hagas lo que dices que vas a hacer, cuando dices que vas a hacerlo. Un verdadero amigo te hace mejor tan solo con su presencia.

¿Recuerdas que cuando crecías jugabas tenis o ping-pong con tu padre? Apuesto que no te dejó ganar todo el tiempo, porque él sabía que si lo hacía no ibas a mejorar. Esto también funciona con las compañías que eliges. Escoge amistades que sean mejores que tú. Si quieres jugar mejor al tenis, juega con alguien que te derrote porque esto hará mejorar tu juego.

Este concepto también funciona en los negocios. Rodéate de personas que sean mejores que tú. ¿Quieres ser más rico? Pasa tiempo con personas que sean más ricas que tú. ¿Quieres llegar a ser más sabio? Invierte tiempo con personas que tengan sabiduría a raudales. Y busca su consejo.

Durante gran parte de mi vida me relacioné con un hombre tranquilo que no hablaba hasta que alguien le hacía una pregunta. Cuando entendí el principio de buscar sabiduría, la manera de ser de este hombre se me hizo clara: mi amigo tenía abundante sabiduría, pero había que extraérsela. No se la negaba a nadie, pero era humilde. En realidad debí bombardearlo a preguntas. *¿Por qué esto? ¿Por qué aquello?* Solo un necio rechaza el consejo de un sabio. Como empresario, como padre, como estudiante, hay seguridad en el consejo sabio.

Un amigo mío tenía un historial de malas decisiones.

—Bueno, solo por curiosidad —le pregunté una vez—, ¿con quién hablaste al respecto antes de tomar esa decisión?

—Pues, con nadie —me dijo, mirándome como si yo fuera un demente.

—¿Así que, no le preguntaste a nadie? —manifesté—. Tú solo... así no más... ¿decidiste?

—Soy adulto —contestó lanzándome una conocida mirada—, y sé qué es lo mejor para mí. Puedo tomar mis propias decisiones.

Cuando tomamos consejo de nosotros mismos, lo único que podemos recibir es lo que tenemos... lo que sabemos... lo que somos.

Tomar el consejo de mujeres y hombres sabios nos ayuda a evitar malas decisiones y nos coloca en el sendero hacia una vida más exitosa. Cuando añadimos la sabiduría de alguien más a la nuestra aumentamos en gran manera la probabilidad de triunfar.

CÓMO APROVECHAR TU CÍRCULO ÍNTIMO

La Decisión Guiada nos enseña que en gran medida somos aquellos con quienes pasamos tiempo.

1. En tu diario enumera a todos los que consideras que están en tu «círculo íntimo», las personas más cerca de ti que influyen en tu vida, incluso familiares, amigos y compañeros de trabajo.

2. La Decisión Guiada nos enseña que nuestros compañeros o hacen que nos estiremos o nos agobian. A continuación de cada nombre pon una flecha para denotar en qué dirección la persona te está dirigiendo. (Este puede ser un ejercicio difícil para muchos de nosotros porque formamos afectos incluso con aquellos «amigos» que dificultan nuestro progreso. Sé sincero cuando evalúas con quién pasas tiempo.)

3. ¿Ves algunos patrones? ¿Hay algunas personas con quienes pasas tiempo que generalmente amargan tus experiencias de vida? ¿O inviertes la mayor parte de tu tiempo con aquellas almas que te retan, te inspiran, y te ayudan a ser algo más?

TU JUNTA PERSONAL DE DIRECTORES

Personalmente no tomo decisiones por mi cuenta sin recibir el consejo de otros a quienes respeto. Y después de vivir debajo del muelle tengo un gran historial de buenas decisiones. Lógicamente, ¿no tendrías más posibilidades de tomar buenas decisiones si estás rodeado del pensamiento de alto nivel de otras personas? Aprovecho los conocimientos, las experiencias y las habilidades para tomar decisiones de individuos inteligentes, y selecciono tres o cuatro para que sean mi junta personal de directores a fin de que me ayuden a tomar decisiones. ¿Cuáles son las posibilidades de que yo vaya a meter la pata cuando tengo cl consejo de gente sabia en mi vida? Encuentra personas en quienes puedas confiar y de quienes puedas buscar consejo. ¡Este es un elemento fundamental de la búsqueda de sabiduría!

La adquisición de sabiduría aumenta en gran manera cuando aprovechamos la sabiduría de los demás. En ocasiones las personas piensan: *No tengo dinero para contratar una junta de directores. ¡Eso es demasiado caro!* Se olvidan de lo más importante. La idea es que te rodees de personas sabias. Los «miembros de mi junta» en realidad no saben que son mi junta de directores. No necesariamente les hago saber que están influyendo en mi toma de decisiones.

Es fácil crear una junta directiva personal; simplemente encuentra personas que sean más listas que tú, que tengan más habilidades que tú, y que hayan dado más fruto en las partes clave de sus vidas.

Mi esposa Polly y yo tenemos varias parejas en nuestra junta de directores que han estado casadas por más tiempo que nosotros. Polly y yo hemos estado casados durante casi veinte años, y dos de estas parejas han estado casadas por más de treinta y cinco años. Durante más de tres décadas han sido felices y leales mutuamente. Las miro y me pregunto: *¿Cómo lo han logrado?* Naturalmente, las queremos en nuestra junta directiva.

Polly y yo hacemos lo mismo con personas que ya han criado la clase de hijos que queremos criar. Surto mi junta personal de directores con individuos que sean más sabios, mejores escritores, más saludables... aquellos que han creado para sus familias la vida que quiero para la mía.

CÓMO CREAR TU JUNTA DIRECTIVA

¿Con quién podrías cultivar una relación (o hacer uso de una mejor ya existente) a fin de crear tu junta directiva personal? Podrías elegir consejeros específicos para varios aspectos de tu vida. Naturalmente, no querrás un asesor de salud que fume o se siente todo el día a ver televisión. Debemos llegar a ser maestros en saber dónde buscar el consejo apropiado.

En tu diario pon los nombres de miembros potenciales de la junta y el aspecto de tu vida en que te aconsejarían. No te limites a las personas de tu círculo íntimo; analiza a quién te gustaría tener en tu junta directiva, aunque actualmente no tengas una relación con esa persona.

Recuerda, ni siquiera tienes que decirles a esas personas que están en tu junta; este puede ser tu pequeño secreto. Y a veces la información que recibas será más precisa y pura sin que tus directivos estén conscientes de la presión de la tutoría.

CUIDADO CON EL PUNTO DE PELIGRO

Cuando se llega a cierto nivel de éxito con estas siete decisiones, también es típico llegar a un punto de peligro. Debemos recordar siempre: estamos donde estamos a causa de nuestra mejor manera de pensar, y si queremos seguir mejorando debemos trascender ese nivel de pensamiento, ya sea que de modo intuitivo sepamos dónde mejorar, o que estemos recibiendo buen consejo de nuestro círculo íntimo de amigos. Esto se vuelve peligroso cuando, después de un éxito abundante, comenzamos a pensar: *Lo tengo cubierto. Todo está en orden. Está hecho. Entiendo. Y ahora soy libre para tomar yo mismo todas las decisiones.* Nuestras acciones empiezan a decir: *Soy más sabio y más listo que todos los demás.*

A medida que tengas más éxito encontrarás el sendero menos transitado. Habrá menos personas disponibles para ti que sean más fuertes y más sabias que tú; pero puedes hallarlas. Por supuesto, puedes beneficiarte de casi todo el mundo si eres un estudiante de sabiduría. Alguien no tiene que ser más rico que tú para ser más listo que tú. Todo el mundo es superior a nosotros en algunas o en muchas maneras, y podemos aprender de cualquiera.

DIOS MUEVE MONTAÑAS PARA CREAR LA OPORTUNIDAD QUE ÉL ESCOGE, PERO DE TI DEPENDE ESTAR LISTO PARA MOVERTE POR TU CUENTA.

El punto de peligro se produce cuando comenzamos a pensar demasiado alto acerca de nuestra propia sabiduría y empezamos a hacer caso omiso al consejo de otros. ¿Recuerdas a Napoleón? Pasó a la historia como un emperador, un líder de hombres, y alguien que conquistó lo que se consideraba el mundo en esa época. Sin embargo, he aquí la historia que la mayoría de las personas nunca ha oído:

UNA TARDE EN WATERLOO

En junio de 1815 Napoleón estaba a punto de derrotar a Wellington en Waterloo y en realidad así lo hizo. (En *The Hinge Factor* [El factor vinculante] Erik Durschmied traza un croquis detallado de la Batalla de Waterloo y bosqueja cómo Napoleón derrotó a Wellington. Si de veras quieres entender cómo Napoleón llevó a cabo esta increíble hazaña, te recomiendo este libro.)

En febrero de 1815 Napoleón escapó de Elba, a donde lo habían exiliado los gobiernos aliados, marcando el inicio de lo que llamaron la «Campaña de cien días». Durante este tiempo nadie dormía bien en las capitales de Europa por temor a Napoleón. Una vez que este llegó a París, organizó un ejército para asolar toda Europa. Sus antiguos generales o estaban muertos o habían cambiado de lealtad. A Davout lo habían asesinado en Marengo; a LaNey, en Esperge; Janeaux se pegó un tiro. Esto no le importó a Napoleón porque se creyó capaz de tener control independiente. Él era un genio militar. Al fin y al cabo, todo el mundo se lo decía.

Justo después del amanecer, Napoleón estaba desayunando con sus generales en la sede del emperador en Roson Farm. Uno de ellos estaba preocupado por la fuerte posición de Wellington, apostado en Monte St. John. El emperador se burló: «¡No hay posibilidad de que nos derroten!». Y desde luego, ¡no la tenía! Napoleón tenía setenta y dos mil hombres y 246 cañones en comparación con los sesenta y siete mil hombres y 156 cañones de Wellington.

Napoleón montaba un pequeño caballo gris y vestía un abrigo gris con chaleco color púrpura oscuro de seda y pantalones blancos sobre botas que le sobrepasaban las rodillas. Cuando estaba a punto de enviar sus tropas a la batalla, el emperador se volvió hacia su general, Michael Ney, y le dijo: «Si mis órdenes se ejecutan bien, dormiremos esta noche en Bruselas». Todo el día Napoleón envió ola tras ola de infantería contra las fuerzas de Wellington. Al final de la tarde, el general Ney y el Cuarto Cuerpo de Caballería (su más grande grupo de cinco mil jinetes) estaban listos. El sol se reflejaba en cinco mil espadas y puntas de lanza, y estandartes ondeaban al viento mientras el emperador revisaba la situación por última vez. Un audaz movimiento, él sabía, separaría al enemigo de sus cañones. Entonces los destruiría. *Sí, funcionaría*. Un ataque bien ejecutado de caballería era más devastador que las pérdidas reales sufridas por el enemigo. Debido a esto, él no dividiría sus divisiones; al contrario, atacaría en un solo frente amplio. Eran las 4:03 p.m.

La caballería francesa avanzó en formación escalonada, apoyada por la artillería. La división estaba en el centro del ataque. Los jinetes del emperador se dirigieron directamente a las baterías británicas. Y cuando los cañones británicos lanzaron su metralla de doble disparo, ¡miles de perdigones redondos salieron disparados mientras Ney apuntaba su sable hacia la señal *A la carga*!

Cinco mil caballos salieron a todo galope, la tierra tembló por el martilleo de cascos. «¡Viva el emperador!».

En el otro lado, el coronel Cornelius Frazier, comandante del batallón de Wellington, observó una imagen increíble: ¡una ola de acero avanzaba hacia su posición! *¡Nos van a aplastar!* pensó, y se llenó de pánico. ¿Cuántas balas iban a poder disparar sus artilleros? Los hombres de Napoleón, dirigidos por el general Ney, montando en dos filas de profundidad, rodilla con rodilla, se dirigían de frente hacia las mortales bolas de fuego de Cornelius Frazier.

Las metrallas de Wellington destrozaron extremidades y pusieron caballos patas arriba. Jinetes cayeron, pero nada detuvo el ataque. Ante el sonido de la trompeta, cinco mil puntas de lanza aparecieron frente a sus caballos para formar un ariete puntiagudo de acero.

Otra ráfaga de los cañones enemigos rompió la línea de jinetes. Cada arma, cada batería sobre la colina, estaba disparando, pero nada detenía el heroico ataque de estos cinco mil hombres de la Cuarta Caballería.

Los artilleros se las arreglaron para soltar una ronda más de metralla mientras jinetes y caballos se apilaban unos sobre otros como cartas. A los cinco minutos de batalla, el general Ney estaba al frente viendo a los artilleros soltar sus varas de esponja y abandonar los cañones. Sus hombres les cayeron encima y capturaron los cañones. Habían despojado a los ingleses de su artillería, les habían capturado sus cañones, y Napoleón había derrotado a Wellington en Waterloo.

EL ERROR GARRAFAL DE NAPOLEÓN

Esta es una gran historia, ¿verdad? Y es absolutamente cierta. Bueno, *¡espera un momento!*, debes estar pensando. *¡Yo creía que Napoleón perdió en Waterloo!* Bueno... perdió. Pero primero ganó. Nunca habías oído del triunfo porque la pérdida eclipsó todo lo demás.

Analiza la situación: he aquí un tipo que ha tenido tanto éxito que no escucha a nadie, ni siquiera a sus generales, mucho menos a los coroneles, sargentos o soldados rasos. Está tan obsesionado con su idea de victoria que rechaza cualquier consejo.

Y ahora he aquí el error garrafal: tanto la artillería francesa como la inglesa tenían cañones que se cargan por el cañón, de bronce, de doce a dieciséis libras, que se disparaban al encender una mecha por un estrecho agujero taladrado a través del bronce sólido. Cuando las tropas atacaban un cañón oponente, tomaban clavos sin cabeza y los metían por el agujero, inutilizando el cañón. Las tropas de Napoleón habían preguntado antes de la batalla: «¿Dónde están los clavos? ¡Estamos a punto de ir a la batalla sin clavos!». Su confusión fue pasada por alto.

Los hombres de Napoleón estaban en el campo de batalla sin clavos. Tenían cañones, caballos, espadas, lanzas y piezas de artillería, pero no clavos. Este suceso histórico se decidió por un puñado de clavos.

Napoleón derrotó por completo a Wellington. Atropelló a Wellington. Pero la batalla se prolongó en ambos lados, hasta que finalmente un grupo de hombres de Wellington recuperó sus cañones, y después otro grupo. De repente los cañones se estaban volviendo contra las fuerzas de Napoleón, disparándoles, y Napoleón debió permanecer allí sobre la colina con las manos en la espalda, observando a sus hombres, que habían derrotado a las fuerzas de Wellington, estallar en pedazos... todo porque no llevaron clavos a la batalla. Un puñado de clavos habría sacado de la acción a esos cañones, y los libros de historia hoy contendrían el registro de la derrota de Wellington.

Cuando te aconsejas únicamente tú, tomas decisiones solo en función de lo que sabes. Al aconsejarte con hombres y mujeres sabios, añades su conocimiento y experiencia a los tuyos propios, lo que aumenta de modo dramático tus posibilidades de éxito y disminuye la posibilidad de fracasar.

CÓMO APRENDER A SERVIR A OTROS

Además de leer libros y seguir el consejo de amigos más sabios, la tercera manera de trazar un camino hacia la sabiduría es servir a otros... encontrar un modo de ayudar a otro ser humano. Esto no significa que tengas que hacer algo grandioso o incluso algo que consideres increíblemente útil. Servir a otros podría ser abrir la puerta para alguien, cargarle el equipaje, ofrecerle café, sostenerle la silla. Al servir a otros los valoramos, y esto aumenta nuestro propio valor.

Quizás no por casualidad, cuando servimos a otros aumentamos la posibilidad de que compartan su sabiduría con nosotros.

—Si usted perdiera todo su dinero —le preguntó un periodista al multimillonario magnate naviero Aristóteles Onassis, cuando este estaba en sus últimos años—, ¿qué haría para recuperarlo de nuevo?

—Bueno, sería un proceso, desde luego —contestó Onassis—. Pero el primer paso en el proceso de ganar una fortuna que yo consideraría sería servir a otros.

El periodista quedó boquiabierto.

—¿Qué quiere usted decir con *servir a otros*? —exclamó—. ¡Yo creía que las personas le servían a usted!

UN HOMBRE SABIO CULTIVARÁ UN ESPÍRITU DE SIERVO,
PORQUE ESE ATRIBUTO PARTICULAR ATRAE A LAS
PERSONAS COMO NINGÚN OTRO.

—Las personas me sirven, pero solo porque a lo largo de mi vida
he servido a otros —respondió Aristóteles—. Usted pregunta cómo
se obtiene una fortuna, y el primer paso sería servir a otros. Hacer
esto me pondría en una posición de estar cerca de personas que
podrían ayudarme, guiarme y compartir su sabiduría y experiencia
conmigo.

Onassis hizo una pausa.

—Conseguiría un trabajo, quizás dos, tal vez tres —continuó—.
Ahorraría mi dinero. Viviría de manera tan sencilla como me fuera
posible, y cuando tuviera quinientos dólares ahorrados iría a un restaurante en que una comida cueste quinientos dólares. Entonces
trabajaría más, viviría sencillamente, y ahorraría mi dinero hasta
tener quinientos dólares, y volvería a comer en un restaurante que
cueste quinientos dólares.

—En realidad no entiendo esto —comentó el periodista que para
este momento estaba fuera de sí—. Usted está tratando de crear una
fortuna, ¿y sin embargo está dilapidando quinientos dólares en una
comida?

—No tiene nada que ver con la comida que consumo, sino con
las asociaciones que hago —replicó Onassis—. Mire usted, para llegar a donde me gustaría estar necesito la sabiduría y las relaciones de
las personas que con regularidad comen en restaurantes costosos. Y
así, cuando voy al restaurante, hago contacto visual, me presento,
saludo. Al entrar digo: «Hola». Cuando salgo, digo: «Adiós». Algún
día me topo con esas personas, quienes dirán: «Ah, sí, te vi en...». O:
«Eres el tipo en la mesa de al lado cuando comimos en...».

Después de hacer otra pausa, Onassis concluyó:

—Todo tiene que ver con las asociaciones que creas con las personas que tienes a tu alrededor. Te querrán ayudar porque estuviste allí para sostenerles una silla o abrirles una puerta.

Espíritu de siervo de Alfred Vanderbilt

A Alfred Vanderbilt se le reconocía adondequiera que iba. La familia Vanderbilt era una de las más acaudaladas y prominentes del mundo. Su riqueza comenzó con el padre de Alfred, Cornelius Vanderbilt, quien a principios del siglo XIX comenzó a amasar una fortuna en los sectores marítimo y ferroviario.

Alfred se destacó entre sus hermanos. Él fue el único en la familia que insistió en comenzar su experiencia en los negocios desde el fondo como empleado en una de las oficinas de su padre. Sus hermanos exigieron puestos administrativos. El público respetaba a Alfred Vanderbilt y nunca lo olvidó. Su padre tampoco lo olvidó, como lo evidencia la división de su riqueza: cada uno de los hijos e hijas de Cornelius heredó siete millones de dólares, pero Alfred recibió setenta y seis millones. En opinión de su padre, Alfred administraría el dinero con un espíritu de servicio. Cornelius Vanderbilt sabía que a menudo los siervos se convierten en reyes, y en consecuencia en los más ricos entre nosotros.

Alfred Vanderbilt repartía su riqueza con un espíritu de siervo. Durante la Primera Guerra Mundial, Alfred no estuvo contento con la caridad en la forma de comprar vagones y obsequiárselos a la Cruz Roja... quiso conducirlos él mismo. Se le conoció como un hombre amable por su corazón bondadoso hacia los pobres.

El legado de Alfred Vanderbilt fue como un siervo (esta historia es parte integral de mi segunda novela, *La oportunidad perdida*). Sus acciones durante los momentos finales de su vida a bordo del RMS *Lusitania* testificaron su espíritu de siervo. Cuando el *Lusitania* se hundió en mayo de 1915, los periódicos conmemoraron el espíritu de siervo de Alfred: su última acción en la tierra fue atar chalecos salvavidas a cestas para bebés, y le entregó su propio salvavidas a una mujer. Aunque Alfred Vanderbilt tenía muchas propiedades con piscinas, nunca aprendió a nadar. Mantuvo un espíritu de siervo hasta el final.

CÓMO CULTIVAR EL ESPÍRITU DE SIERVO

¿Qué puedes hacer para comenzar a cultivar o seguir cultivando un espíritu de siervo? ¿Puedes servir como voluntario en tu iglesia local o centro comunitario? ¿Puedes visitar a los ancianos en el hospital local?

¿Puedes pasar más tiempo con tu familia? ¿Puedes programar una llamada a un miembro de la familia solo para ofrecerle una sonrisa? ¿Puedes realizar actos bondadosos al azar, como pagar el peaje al auto detrás de ti?

Aporta una lista de ideas, y comprométete a realizar al menos una en los cinco días siguientes.

EL EXPERIMENTO DE VIDA DE FULLER

En 1927, a los treinta y dos años de edad, Buckminster Fuller se hallaba en la orilla del lago Michigan, tratando de suicidarse lanzándose a las gélidas aguas. Su primer hijo había muerto. Estaba en bancarrota. Se había desacreditado. Se hallaba desempleado. Tenía una esposa y una hija recién nacida, pero se sentía desesperado.

En una revelación se dio cuenta de que su vida no le pertenecía a él sino a los demás. En ese momento decidió embarcarse en un experimento para descubrir lo que un individuo insignificante, sin dinero y desconocido podría hacer en beneficio de la humanidad. Pensó: *Si mi vida no me pertenece sino a los demás, ¿qué puedo entonces hacer por los demás?* ¿En qué se convertirá una vida de servicio? Durante los cincuenta y cuatro años siguientes Fuller demostró una y otra vez que sus ideas más controvertidas eran prácticas y factibles.

LUCHA CON LOS RETOS DE TU PRESENTE, Y DESENCADENARÁS LOS PREMIOS DE TU FUTURO.

¡Imagínate! Un hombre que está en bancarrota, desacreditado, sin trabajo, y a punto de suicidarse. ¡Y decide hacer de su vida un experimento! *Mi vida no me pertenece a mí sino a los demás. Por tanto la daré a los demás.* ¿Qué le ocurre a un hombre que no tiene nada y que decide entregar su vida en servir?

Durante el transcurso de este experimento Buckminster fue galardonado con veinticinco patentes de Estados Unidos, escribió veintiocho libros, y recibió cuarenta y siete doctorados honoris causa en artes, ciencia, ingeniería y humanidades. Recibió docenas de premios de arquitectura y diseño, incluso la Medalla de Oro del Instituto Estadounidense de Arquitectos y la Medalla de Oro del Instituto Real de Arquitectos Británicos. Creó la obra que permanece en las colecciones permanentes de museos alrededor del mundo. Pasó de ser un hombre que estaba en bancarrota, desacreditado y a punto de suicidarse, a ser un exitoso conferencista que dio la vuelta al globo cincuenta y siete veces, alcanzando a millones a través de sus conferencias, entrevistas y trabajo. Fuller decidió: *Tendré una vida de servicio.*

Crear riqueza, incluso elegir la riqueza, empieza con una actitud de siervo.

EL EXPERIMENTO DEL LEGADO

¿Y si tu vida fuera un experimento? ¿Cuál es el legado que te gustaría dejar? ¿Cómo servirás a las generaciones venideras?

Tus decisiones determinarán las respuestas a esta pregunta. Registra tu legado de vida ahora mismo en tu diario.

PERFIL DEL VERDADERO VIAJERO: BOB HOPE

Todo el mundo tiene héroes. Uno de los míos resulta ser Bob Hope. Él fue un artista extraordinario que protagonizó más de cincuenta y seis películas y más de medio millar de Especiales Bob Hope. ¡Divirtió a personal militar estadounidense en todo el mundo durante más de medio siglo! Su compromiso con nuestra nación, la incansable programación que mantenía, y la frescura que se esforzó por llevar a su comedia son solo algunos de los aspectos que admiro acerca de este hombre.

He aquí una correspondencia personal de Bob Hope.

Querido Andy:

Tú sabes que he sido muy afortunado en estos últimos cincuenta años en el mundo del espectáculo, pero he tenido mis otros momentos difíciles. Por ejemplo:

Más o menos en 1928 fui a Evansville, Indiana, para actuar. Estaba desayunando, así que miré el periódico para ver qué tipo de publicidad me habían hecho en el teatro, y esta decía: ¡*Ben Hope!* Por tanto tomé el periódico y salí corriendo para el teatro.

—¿Cuál es la idea de deletrear mi nombre de esa manera? —le pregunté al director.

—¿Qué nombre?

—¡Ben Hope! ¿Qué clase de broma es esa?

—Bueno, ¿cuál es tu nombre?

—Bob Hope.

—Muy bien, ¿y quién lo conoce?

Supongo que en ese tiempo nadie lo sabía, y a nadie le importaba, pero tuve un buen descanso público porque al menos me hallaba trabajando en algunos lugares.

Ahora bien, unos seis meses antes de eso me hallaba delante del Woods Theatre Building en Chicago. Me habían estado dando diez dólares por presentación, pero ni siquiera podía recibir eso. Nadie me conocía. Mi nombre era Lester Hope, así que decidí cambiarlo a Bob Hope porque me pareció más íntimo, pero aún seguí padeciendo escasez. No conseguía firmar un contrato.

No estaba comiendo bien, y mi ropa sucia se amontonaba. Me hallaba listo para ir a casa en Cleveland con el fin de consumir una comida completa y hacer lavar la ropa cuando se me acercó este amigo mío.

Él era el exitoso artista de vodevil, Charlie Cooley.

—¿Cómo te está yendo? —me preguntó.

—Me estoy muriendo de hambre.

—Ven conmigo.

Me llevó con él y me presentó a Charlie Hogan, su agente, quien reservaba pequeños teatros en Chicago y sus alrededores.

—Te puedo dar un día en el teatro West Inglewood —me dijo—; ¿estarían bien veinticinco dólares?

Bueno, tragué saliva porque en ese tiempo solo había estado ganando diez dólares por presentación. Esa fue la fecha que me llevó al éxito.

Andy, todos tenemos temporadas bajas, y es interesante recordarlas. En ciertos niveles parece que te ponen algo más arriba.

Te veré en Port Arthur.

Buena suerte,

Bob Hope

TRES

La Decisión Activa

SOY UNA PERSONA DE ACCIÓN.

Mi futuro es lo inmediato. Lo tomaré con ambas manos y lo llevaré con pies ligeros. Cuando me enfrente a la decisión de no hacer nada o de hacer algo, ¡siempre decidiré actuar!

La Decisión Activa para el éxito personal es crucial para ti ahora. Llegar a ser una persona de acción es una decisión, no un proceso. O eres una persona de acción o no lo eres. Es hora de definirte: ¿qué eres?

SOY UNA PERSONA DE ACCIÓN.

A partir de hoy, crearé un nuevo futuro creando un nuevo yo. Ya no moraré en un abismo de desesperanza, quejándome del tiempo desperdiciado y de la oportunidad perdida. No puedo hacer nada acerca de mi pasado. Mi futuro es lo inmediato. Lo tomaré con ambas manos y lo llevaré con pies ligeros. Cuando me enfrente a la decisión de no hacer nada o de hacer algo, ¡siempre decidiré actuar! Aprovecho este momento. Hago la elección ahora.

Soy una persona de acción. Soy enérgico. Me muevo con rapidez.

Sé que la pereza es un pecado, así que crearé el hábito de una conducta activa. Caminaré con paso ágil y una sonrisa en el rostro. La sangre que me corre por las venas me urge a subir y a seguir adelante hacia la actividad y el logro. La riqueza y la prosperidad se esconden del holgazán, pero la persona que se mueve con rapidez recibe muchas recompensas.

Soy una persona de acción. Inspiro a otros con mi actividad. Soy un líder.

Dirigir es hacer. Para dirigir, debo moverme hacia delante. Muchos se apartan del camino de una persona que corre; otros quedan atrapados en su estela. Mi actividad creará una ola de éxitos para la gente que me sigue. Mi actividad será consecuente. Esto infundirá confianza en mi liderazgo. Como líder, tengo la capacidad de alentar e inspirar a otros para que lleguen a la grandeza. Es verdad: ¡un ejército de ovejas dirigido por un león derrotaría a un ejército de leones dirigido por una oveja!

Soy una persona de acción. Puedo tomar una decisión. Puedo hacerlo ahora.

Una persona que no se mueve ni a derecha ni a izquierda está destinada a la mediocridad. Cuando se enfrentan a una decisión, muchos dicen que esperan por Dios. Pero entiendo que en la mayoría de los casos Dios espera por mí. Él me ha dado una mente sana para reunir y seleccionar información, y el valor para llegar a una conclusión. No soy un perro tembloroso, indeciso y temeroso. Mi constitución es fuerte y mi senda clara. La gente exitosa toma sus decisiones con rapidez y cambia de opinión con lentitud. Los fracasados toman sus decisiones con lentitud y cambian de opinión con rapidez. Mis decisiones son rápidas y llevan a la victoria.

Soy una persona de acción. Soy una persona osada. Soy valiente.

El miedo ya no tiene cabida en mi vida. Durante demasiado tiempo, el miedo ha superado mi deseo de mejorar las cosas para mi familia. ¡Nunca más! En primer lugar, ¡he desenmascarado al miedo como una quimera, un impostor que nunca tuvo poder alguno sobre mí! No le temo ni a la opinión ni al chisme, ni a la ociosa habladuría de los monos, porque todo eso es lo mismo para mí. No le temo al fracaso, porque en mi vida, el fracaso es un mito. El fracaso existe solo para la persona que cede, que abandona. Yo no cedo.

Soy valiente. Soy líder. Aprovecho este momento. Escojo ahora.

LA DECISIÓN DE ACTUAR

Sin acción, ninguna de las demás decisiones es útil. A menudo la gente responde a la idea de la acción con: «Ah, sí, yo sé. Debo tomar medidas».

¡Lo sabemos! A todos se nos ha dicho: «Tienes que hacer algo, sea bueno o malo. Es mejor hacer algo que no hacer nada».

Recuerda que somos *nosotros* los que hacemos que algo suceda. Irónicamente, ¿qué es lo primero que la mayoría de las personas hace cuando se deprimen? ¿Qué es lo primero que hacen cuando experimentan dificultades? Se acuestan en el sofá, encienden la televisión, y de manera metafórica dicen: «¡Arróllenme!». Exactamente como un ciervo encandilado por los faros.

Recuerda siempre que nuestro ánimo, nuestras oportunidades, nuestro conocimiento y nuestra información vendrán de otras personas, ¡y la mayoría de ellas no están sentadas en el sofá cuando se deprimen! Debemos levantarnos y hacer algo.

Hay personas en tu vida diaria que te observan para determinar quién eres. ¡Sé alguien de acción! Aprovecha los momentos; elige la inmediatez. No se te ha dado la habilidad de tomar decisiones correctas todo el tiempo, ¡pero sí se te ha dado la capacidad de tomar una decisión y corregirla!

Me fastidia que la gente diga: «No *siempre* puedo hacer lo mejor». Si no puedes hacer lo mejor, entonces haz lo segundo mejor. Pero hagas lo que hagas, ¡muévete! ¡Ponte en marcha!

Una persona que no se mueve está destinada a la mediocridad. Como dije antes, al enfrentarse a una decisión a menudo las personas dicen: «Estoy esperando en Dios».

Te prometo que en la mayoría de los casos, ¡Dios está esperando en ti! Así es, él alimenta a las aves, pero no les lanza gusanos a sus nidos. Dios te ha dado una mente sana para reunir y ordenar información, y el valor para llegar a una conclusión.

AL ENFRENTAR UNA DECISIÓN MUCHAS PERSONAS ASEGURAN QUE ESTÁN ESPERANDO EN DIOS, PERO DEBEMOS ENTENDER QUE EN LA MAYORÍA DE LOS CASOS, ¡DIOS ESTÁ ESPERANDO QUE NOS MOVAMOS!

Las personas de éxito toman sus decisiones con rapidez y cambian de opinión lentamente. Las fracasadas toman sus decisiones con lentitud y cambian de opinión rápidamente.

Sé una persona de acción. ¡Sé audaz y valiente! No dejes que el miedo extraiga lo mejor de ti.

El miedo no es más que un mal uso de la creatividad que Dios infundió en ti. El miedo puede haber pesado más que tu deseo de hacer mejor las cosas para tu familia. ¡Qué nunca vuelva a suceder eso! Recupera tu poder y pon en evidencia al miedo como un vapor, un impostor que nunca tuvo ningún poder sobre ti desde el principio. No temas a las opiniones, al chisme o al parloteo sin sentido. Nunca temas al fracaso, pues es un mito. El fracaso solo existe para aquellos que renuncian. *Tú no renuncias.*

LA HISTORIA RECUERDA A LOS VALIENTES

La actitud que prevalece en nuestra sociedad parece ser de «Espera y ve». «No cometas una equivocación». «Despacio». «Ten cuidado». ¿Qué importancia entonces podría tener realmente *hacer* algo? ¿Recuerdas el proverbio chino: «El hombre que se queda en lo alto de la colina con la boca abierta esperará un largo tiempo hasta que un pato asado le caiga en ella»?

La historia registra a los valientes y los tímidos, pero es a los valientes a quienes recordamos. Los valientes atrapan nuestra imaginación, inspirándonos a medida que avanzamos por nuestras propias vidas. Recordamos a personas como Susan B. Anthony,

Henry Ford, los hermanos Wright, Florence Nightingale, y a gigantes modernos como Lee Iacocca, Bill Gates, Oprah Winfrey, Warren Buffett y Jack Welch. Con el valor de sus convicciones estas personas valientes aprovecharon el momento. Ellas demuestran que las dificultades desaparecen y los obstáculos se desvanecen ante el valor inquebrantable. Los valientes conquistan nuestros corazones y nuestras almas porque actúan según sus ideales para convertirse en lo que son, y nos proporcionan un sendero luminoso por el cual seguir.

Durante los Juegos Olímpicos nos enamoramos de los valientes y audaces. Y no necesariamente los que ganan las competencias son los que nos inspiran, sino los que compiten de todo corazón a un nivel poco común. Reconocemos al héroe dentro de nosotros cuando el atleta da todo de sí, incluso su último aliento, y sale cojeando del campo de batalla.

¿Recuerdas cómo era Ulises S. Grant, el decimoctavo presidente de Estados Unidos? Es probable que hayas visto uno o más retratos de él y que recuerdes su aspecto. ¿Sabías que él nunca tuvo ningún cargo político que no fuera presidente de Estados Unidos? Y sin embargo lo recordamos con mucha claridad.

¿Recuerdas cómo era Rutherford B. Hayes? ¿Y qué tal James Garfield, Chester Arthur o Grover Cleveland? ¿Recuerdas a Benjamin Harrison o William McKinley? Probablemente no. Sin embargo, es increíble que cada uno de estos hombres sirviera como presidente de Estados Unidos *después* de Ulises S. Grant. Grant ha estado muerto por más de cien años, pero recuerdas cómo era y hasta podrías tener una buena idea de su personalidad.

MUCHAS PERSONAS SE HACEN A UN LADO POR LA QUE VA DE PRISA; OTRAS QUEDAN ATRAPADAS EN SU ESTELA.

Grant fue un general en el ejército de la Unión durante la Guerra Civil. Sin embargo, ¿sabías que no fue el primero? ¿O el segundo, tercero, cuarto o quinto? Fue el décimo general que Lincoln nombró durante la Guerra Civil. ¿Por qué se le debe recordar? Porque era un hombre de acción.

Winfield Scott era el primer general de Lincoln. Después venía McDowell, seguido por Fremont, luego el desastroso George McClellan. ¡Lincoln tuvo en McClellan a un comandante de todo el ejército de la Unión que se negó a enfrentarse al enemigo! Después de McClellan, Lincoln nombró a Henry Halleck, un graduado de West Point y prolífico autor sobre tácticas militares. Lincoln leyó el libro (una buena obra con buena teoría) justo antes de nombrar a Halleck. Lincoln descubrió que los libros no pelean batallas. Halleck evadió toda responsabilidad personal, perdió la poca compostura que puso en la tarea, y finalmente se convirtió tan solo en un empleado.

A continuación Lincoln nombró a Rosecrans, McClernand fue el siguiente en la línea. Según Lincoln, lo único que McClernand hizo fue quejarse de los otros generales, casi todas las semanas, en una larga e incoherente comunicación crítica de algo que Sherman o los demás generales habían hecho.

Burnside fue el siguiente, luego Banks. El día que Lincoln anunció sus intenciones de promover al general Ulises S. Grant, este fue vilipendiado por la prensa. Incluso después del nombramiento de Grant, la prensa insistió en que lo destituyeran, pero Lincoln no podía prescindir de él porque Grant era prudente, vanguardista y audaz en sus tácticas. Era un individuo de acción. Una de las mayores críticas de Grant en ese tiempo era que bebía demasiado. Lincoln dijo en privado: «Pues si averiguo qué está bebiendo Grant, les enviaré algunas cajas a los demás generales».

CÓMO SUPERAR EL MIEDO

El miedo debilita la acción. ¿Dónde es que el miedo ha obstaculizado tu progreso? ¿Te ha impedido conseguir un ascenso laboral, emprender una nueva carrera, ir tras una cuenta grande, reinventar tu negocio, o innovar? El temor al fracaso, a la humillación, o a cometer equivocaciones obstaculiza nuestros impulsos creativos y nuestra capacidad de crear cambios extraordinarios en el mundo.

Paso 1: para superar el miedo primero debemos identificarlo. Identifica cinco aspectos de tu vida y tus negocios en que el miedo ha obstaculizado tu progreso.

Cuando el tigre te ataca surgen dos opciones: quedarte inmóvil por temor a ser vapuleado, o contraatacar al tigre y ver qué sucede. Al quedarte inmóvil, tu destino es seguro. Al atacar al tigre aparece una multitud de posibilidades, incluso que el tigre se asuste (o que simplemente crea que estás loco) y se aleje. El punto es que debemos superar nuestros temores a fin de crecer y llegar a ser algo más.

Paso 2: ¿qué tal que el miedo ya no fuera un factor determinante? Establece una decisión afirmativa para cada uno de los temores que enumeraste en el paso 1. ¿Qué acciones te comprometerás a tomar (de manera constante) para volver irrelevantes tus temores? Crea una lista de pasos que debes seguir para superar cada miedo.

EL CAMINO DEL HÉROE

Calvin Coolidge declaró: «No podemos hacer todo a la vez, pero por Dios, ¡sí podemos hacer algo a la vez!». Cambiar el mundo empieza con una sola acción.

¿Recuerdas la historia del niño de doce años de Tacoma, Washington, llamado J. J. Rousch? J. J. fue un héroe. Él detuvo un incendio en la casa de sus tíos en Midland, en las afueras de Tacoma. Los noticieros nacionales lo llamaron un héroe, con lo que los padres de J. J., su tío y su tía sin duda estuvieron de acuerdo. Pero J. J. en realidad no creía que fuera tal héroe porque en realidad no pensó en lo que estaba haciendo.

Cuando el humo salió de la casa de sus tíos, J. J. reaccionó. Siguiendo las instrucciones de su madre agarró un extinguidor de treinta kilos de peso de la casa cercana de su abuela, y este niño de doce años salió corriendo hacia la casa en llamas, tomó un objeto de cinco kilos que había afuera de la puerta trasera, y lo lanzó a través de la ventana de la cocina. Mientras su madre dirigía el extinguidor hacia el fuego, el niño agarró una manguera de jardín, abrió de una patada la puerta principal, y combatió las llamas con agua. Cuando los bomberos llegaron, el incendio estaba apagado.

¡UN EJÉRCITO DE OVEJAS DIRIGIDAS POR UN LEÓN
DERROTARÍA A UN EJÉRCITO DE LEONES DIRIGIDOS
POR UNA OVEJA!

Lo curioso es que había personas presenciando este hecho que simplemente observaban porque en realidad no sabían qué hacer. Así manifestó J. J. más tarde: «En lo único en que pensé fue: *Ah, cielos, un incendio*».

Entonces pateó la puerta y batalló con las llamas mientras todos los demás se preguntaban qué hacer. «En realidad no soy un héroe. Ni siquiera pensé realmente en mí mismo como un héroe. Realmente no lo creo en absoluto», declaró el niño.

Sin embargo, precisamente por eso es que este niño de doce años es un héroe, porque no se detuvo a pensar; solo actuó.

¿Recuerdas la historia del niño explorador de Bowling Green en Kentucky? Matt Knight estaba entrenando con su equipo de carreras a campo traviesa en un parque cuando se detuvo para atarse los cordones de un zapato. A través del parque oyó los gritos de Susan Beth Meeks, una estudiante de octavo grado que había caído en una tubería en el extremo de la zanja de drenaje. El pie de la joven se le había trabado debajo de una roca, obligándola a sumergir la cabeza mientras luchaba por escapar. Matt la descubrió, se deslizó dentro de la tubería, metió la cabeza debajo del agua, y sacó a la muchacha. El chico más tarde reconoció que estaba nervioso cuando saltó al interior de la tubería en que la chica luchaba, «pero tenía que hacer algo, así que lo hice».

Por su acción, Matt recibió la Medalla de Honor con Palmas Cruzadas de los Niños Exploradores de Estados Unidos. Desde la creación de la medalla en la década de los treinta, solo 166 personas la han recibido. Después el chico fue a la Casa Blanca y se reunió con el presidente de Estados Unidos, quien lo felicitó por su heroísmo. Sin duda, Susan lo llama su héroe, pero según Matt él solo actuó en vez de preguntarse qué debía hacer.

Actuar es una decisión. Curiosamente Matt, un estudiante de segundo año de bachillerato, tomó la decisión de actuar mucho antes de la crisis. En posteriores entrevistas declaró: «Yo había pensado en qué sucedería si me enfrentara con una emergencia. Decidí que haría inmediatamente lo que me llegara a la mente para solucionar el problema».

Por tanto, ¿estás listo para tu momento? ¿Has decidido qué harás cuando llegue tu momento? Hemos oído una y otra vez que el éxito ocurre cuando la preparación se encuentra con la oportunidad.

EJERCICIO DEL LECHO DE MUERTE

Escribe un brillante e increíble discurso mortuorio que te gustaría que se leyera en voz alta en tu funeral. He aquí algunas preguntas clave que te ayudarán:

- ¿Cuál fue la obra de toda tu vida?
- ¿Quiénes se afectaron como resultado de tus acciones?
- ¿Quién se volvió una mejor persona debido a ti?
- ¿Cuáles fueron los tres acontecimientos más grandiosos que sucedieron debido a ti?
- ¿Por qué serás recordado?
- ¿Cómo fue diferente el mundo debido a ti?

Escribe tu discurso mortuorio o panegírico en tu diario o en tu computadora; después imprímelo. Llévalo contigo adondequiera que vayas.

1. Muestra tu discurso mortuorio a las tres personas más importantes de tu vida. Pídeles sus comentarios y sugerencias acerca de lo que debe ocurrir para que te conviertas en la persona de ese panegírico. En términos prácticos, para convertir tu discurso mortuorio en realidad, ¿dónde debes comenzar?

2. Pon tu panegírico en un una presentación de Microsoft PowerPoint a fin de que te ayude a visualizar lo que quieres hacer. Tu mente a menudo piensa en imágenes, y tener una presentación visual de tu discurso mortuorio te ayudará a mantenerlo en mente.

Este ejercicio te ayudará a clarificar los logros que deseas en tu vida y te ayudará a crear el impulso necesario para alcanzarlos.

CONVIÉRTETE EN UNA PERSONA DE ACCIÓN

Eres una persona de acción. Muchas personas, cuando tienen que enfrentar una decisión se recuestan en el sofá a ver la tele. Vivimos en un mundo paralizado en el que cuando las personas enfrentan decisiones difíciles básicamente declaran: «Pasen por encima de mí».

La Decisión Activa afirma: «Soy una persona de acción. Aprovecho este momento. ¡Decido ahora!». A partir de hoy vas a crear un nuevo futuro al crear un nuevo tú. No hay razón para habitar en el abismo de la desesperación o lamentarse por el tiempo desperdiciado o las oportunidades perdidas. No puedes hacer nada respecto al pasado. Tu futuro yace por delante de ti. ¡Agárralo con ambas manos y corre con él! Cuando te enfrentes a la decisión de no hacer nada o de hacer algo, elige siempre actuar. Aprovecha la oportunidad. ¡Elige ahora!

Liderar es actuar. Para liderar tienes que avanzar, estar al frente de otras personas. Al ser una persona de acción inspirarás a otros y te volverás un líder natural. Las personas se apartan para ceder el paso a alguien que corre, y otras quedan atrapadas en la estela que deja atrás. Tu actividad crea una mareada de éxito para quienes te siguen. Tu actividad, tus acciones, y tus movimientos deben ser constantes, porque las acciones constantes infunden confianza en tu liderazgo. La gente sigue a una persona en movimiento. Los líderes animan e inspiran a otros a buscar la grandeza. Observan lo que haces. *Un ejército de ovejas dirigidas por un león derrotará todas las veces a un ejército de leones dirigidos por una oveja.*

COMPRENDE EL PODER DE LA ACCIÓN

En el ejercicio «Cómo descubrir tu identidad futura», página 21 de la Decisión Responsable, identificaste a la persona en que debes convertirte para llevar a cabo tu Visión Final. Ahora debes identificar los pasos que has de dar hoy, mañana, y en las semanas, meses y años venideros que te ayudarán a avanzar hacia esa persona autorrealizada.

Revisa rápidamente lo que escribiste en los ejercicios «Cómo elaborar tu misión final» (página 19) y «Cómo descubrir tu identidad futura». A continuación piensa en diez cosas que puedes hacer en las próximas veinticuatro horas para moverte en esa dirección. Una sencilla acción como agarrar el teléfono y volver a comunicarte con un viejo amigo puede ayudarte a construir un enorme impulso hacia tu destino deseado.

¿A quién puedes llamar? ¿Qué puedes investigar? ¿Qué libro debes leer? ¿Qué acción puedes tomar que te ayude a moverte hacia tu Visión Final? Haz una lista de diez acciones que te comprometas a tomar en las próximas veinticuatro a cuarenta y ocho horas.

El ataque de Chamberlain

Andrew Jackson, nuestro séptimo presidente, declaró: «Tómate tiempo para ser prudente, pero cuando llegue el momento de actuar, ¡deja de pensar y ataca!».

¿Sabías que hace ciento cincuenta años un individuo hizo una jugada que cambió el modo en que nuestra nación funciona en este mundo? La historia de este hombre se narró en *El regalo del viajero*, pero vale la pena volver a contarla aquí.

El cálido y húmedo día del 2 de julio, 1863, Joshua Lawrence Chamberlain, un maestro de escuela de treinta y cuatro años de edad, de Maine, y exprofesor de retórica de la universidad Bowdoin, enfrentó el combate de su vida. Se hallaba en el extremo izquierdo de un grupo de ochenta mil hombres totalmente nerviosos en una línea a través de campos y colinas que se extendían hasta un pequeño poblado llamado Gettysburg, Pensilvania.

Temprano ese día el coronel Vincent colocó a Chamberlain y los hombres del regimiento Veinte de Maine al final de la línea, y le ordenó: «Hagas lo que hagas, no puedes dejarlos pasar de aquí». Chamberlain no podía replegarse, y él lo sabía. Si el ejército confederado los sobrepasaba, los rebeldes cerrarían con barricadas las tierras altas, y el ejército del Potomac de la Unión perdería. En esencia, ochenta mil hombres quedarían atrapados por detrás en un ataque cuesta abajo sin protección alguna. Para ganar, los rebeldes tendrían que superar a Chamberlain, quien sabía que no podía retirarse.

LAS PERSONAS DE ÉXITO TOMAN SUS DECISIONES CON
RAPIDEZ Y CAMBIAN DE OPINIÓN LENTAMENTE. LAS
FRACASADAS TOMAN SUS DECISIONES CON LENTITUD Y
CAMBIAN DE OPINIÓN RÁPIDAMENTE.

A las 2:30 p.m., el primer ataque vino de los regimientos Quince y Cuarenta y siete de Alabama, que corrían cuesta arriba tan rápido como podían al tiempo que disparaban contra los hombres de Chamberlain que se habían ubicado tras un muro de rocas que habían construido a toda prisa temprano ese día. Los hombres de Chamberlain los hicieron retroceder, y lo volvieron a hacer en un segundo y tercer ataques. En el cuarto ataque Chamberlain recibió un balazo en la hebilla del cinturón. Cayó, se levantó, y siguió luchando. De nuevo hicieron retroceder a las tropas confederadas colina abajo.

En ese punto en la historia de nuestra nación las batallas se peleaban con artillería y municiones, y se podía ver el rostro de los enemigos cuando subían la colina. Chamberlain y sus hombres se habían resguardado detrás de un muro de rocas en forma de bandeja con un tamaño de cien metros de largo. En ese cuarto ataque los rebeldes casi abren una brecha en el muro.

Mientras esperaba el siguiente ataque, Chamberlain pensaba: *Soy profesor de retórica. Sin duda alguna no tengo nada que a alguien le interesaría aprender en este momento.*

Él recordó: «Más tarde sentí pena por mis hombres. Su líder no tenía verdadero conocimiento de guerra ni de tácticas. Yo solo era un hombre obstinado, y esa era mi mayor ventaja en esta pelea. Muy profundo dentro de mí sentía incapacidad para no hacer nada».

Chamberlain continuó reflexionando: «Yo sabía que podía morir, pero sabía que no moriría con un balazo en la espalda. No moriría retirándome. Soy, al menos, como el apóstol Pablo que escribió: Una cosa hago, prosigo a la meta"». El ataque vino de nuevo. En la quinta embestida, los hombres de los escuadrones Quince y Cuarenta y siete de Alabama rompieron el muro. Se peleaba en ambos lados del muro. Los hombres de Chamberlain no pudieron volver a cargar. De todos modos casi no tenían municiones, así que golpeaban con las pistolas y con los puños. De alguna manera los hombres de Chamberlain volvieron a hacer retroceder al enemigo.

Después de rechazar al enemigo colina abajo por cinco ocasiones, el hermano de Chamberlain, Tom, llegó corriendo con el sargento Tozier, un soldado veterano e inflexible. Tozier tenía incrustado un grueso tapón de camisa rota en una cavidad en el hombro donde lo habían herido.

—No hay ayuda de la Ochenta y tres —comunicó—. Los han destrozado, y lo único que pueden hacer es extender un poco el límite. Nos están asesinando por los costados.

—¿Podemos extendernos? —preguntó Chamberlain.

—¡No hay nada que extender! —exclamó su hermano Tom—. Más de la mitad de nuestros hombres han caído.

La compañía de Chamberlain se había iniciado en Bangor, Maine, seis meses antes, con mil hombres. Esa mañana habían empezado con trescientos. Ahora los habían reducido a ochenta.

—¿Cómo estamos de municiones? —preguntó él.

—Hemos estado disparando mucho —fue la respuesta que recibió.

—Sé que hemos estado disparando mucho —replicó Chamberlain—. Quiero saber cómo los hemos contenido. ¿Qué tipo de munición tenemos?

—¡Se están volviendo a formar, coronel! —gritó el observador de doce años de edad que se había trepado a un árbol cuando Tom fue a ver.

Chamberlain levantó la mirada para ver al muchacho que señalaba colina abajo.

—Se están formando ahora mismo. Y los han reforzado. Señor, hay muchos más de ellos esta vez.

—¡Señor! —exclamó el sargento Thomas irrumpiendo en medio de ellos, sin aliento—. Coronel Chamberlain, señor. ¡Señor! El coronel Vincent está muerto.

—¿Está usted seguro, soldado?

—Sí, señor —contestó—. Le dispararon exactamente en la primera oportunidad durante la pelea. Los estaba consolidando la brigada Weeds en frente, pero ahora la Weeds está destruida. Ellos subieron a la cima hasta la batería de Hazlett. Hazlett también está muerto.

—Joshua —intervino el hermano de Chamberlain, quien llegó corriendo—, ¡estamos perdidos! Solo tenemos una o dos balas por hombre a lo sumo. Algunos de ellos ya no tienen ninguna.

Chamberlain se volvió hacia un hombre delgado ubicado a su derecha. Era el sargento primero Ellis Spear.

—Spear —le dijo—, dígales a los muchachos que tomen las municiones de los heridos y los muertos.

Los hombres de Chamberlain comenzaron a preguntarse a dónde estaban yendo y qué iba a suceder.

—Tal vez deberíamos pensar en retirarnos, señor —contestó Spear.

—No vamos a retirarnos, sargento —replicó Chamberlain en tono severo—. Cumpla mis órdenes, por favor.

—¡Coronel! —exclamó el sargento Tozier—. Señor, no podremos aguantarles otra embestida. Usted sabe que no es posible.

—¡Joshua! —gritó su hermano— Aquí vienen. ¡Aquí vienen!

Chamberlain se trepó a lo alto del muro para tener una vista completa, cruzando los brazos y mirando abajo el ejército que avanzaba. Los regimientos Quince y Cuarenta y siete de Alabama con sus uniformes color gris con amarillo pálido, reforzados ahora por un regimiento de Texas, subían la colina, y ese agudo chillido (el grito rebelde) corrió hacia Chamberlain y sus hombres. El sargento Spear había regresado y estaba parado a los pies de Chamberlain. El sargento Tozier, el hermano de Chamberlain, y otro teniente estaban acurrucados debajo.

—¡Joshua! —gritó su hermano—. ¡Da una orden!

Chamberlain se quedó allí, sumido en sus pensamientos, evaluando rápidamente la situación. *No podemos retirarnos*, pensó. *No podemos quedarnos aquí. Cuando me enfrento a la decisión de no hacer nada o de hacer algo, siempre elegiré actuar.* Entonces dio la espalda a los rebeldes que avanzaban y miró hacia abajo a sus hombres.

—¡Armen las bayonetas! —ordenó.

¿Puedes imaginar que te den esa orden? Al principio, nadie se movió. Se quedaron mirándolo boquiabiertos.

—Tenemos la ventaja de movernos colina abajo —explicó Chamberlain—. ¡Armen ahora las bayonetas y ejecuten una gran rueda directa sobre todo el régimen! Giren primero a la izquierda.

—Señor —atinó el teniente al hablar primero, confundido—, ¿qué es una gran rueda directa?

Pero el coronel ya había saltado de las rocas y se estaba dirigiendo al siguiente grupo de hombres.

—Él quiso decir «a la carga», hijo —anunció el sargento Tozier respondiendo la pregunta—. Una gran rueda directa es una carga sin cuartel.

Los hombres observaron atemorizados cuando Chamberlain extrajo la espada.

—¡Bayonetas! —gritó mientras volvía a saltar sobre el muro—. ¡Bayonetas!

«MUY PROFUNDO DENTRO DE MÍ SENTÍA INCAPACIDAD PARA NO HACER NADA [...] YO SABÍA QUE PODÍA MORIR, PERO SABÍA QUE NO MORIRÍA CON UN BALAZO EN LA ESPALDA. NO MORIRÍA RETIRÁNDOME. AL MENOS SOY COMO EL APÓSTOL PABLO, QUIEN ESCRIBIÓ: "SOLO UNA COSA HAGO, PROSIGO A LA META"».

Entonces el coronel se volvió y señaló su espada directamente cuesta abajo. Giró y enfrentó estas abrumadoras dificultades, hizo oscilar la espada en el aire con un poder nacido del valor y el miedo.

—¡A la carga! ¡A la carga! ¡A la carga! ¡A la carga! ¡A la carga!
—rugió el maestro de escuela de Maine a sus hombres.

Los ochenta combatientes restantes del Veinte de Maine salta-
ron el muro tras Chamberlain y entraron en la historia. Un increíble
ejemplo de un líder que se negó a fracasar, Chamberlain sabía que o
nos movemos hacia adelante o morimos. Mientras saltaban ese muro
y corrían cuesta abajo, alzaron las voces hasta coincidir con la de su
líder.

—¡A la carga! —gritaron—. ¡A la carga! ¡A la carga!

Cuando las tropas de la Confederación vieron a Chamberlain,
el líder de la oposición, trepado en ese muro, al instante se detuvie-
ron, inseguros de lo que estaba sucediendo. Y cuando Chamberlain
señaló su espada hacia ellos y ordenó a sus hombres que atacaran, se
volvieron y huyeron. Muchos de ellos soltaron sus armas cargadas.
Los rebeldes estaban seguros de que estos no eran los mismos soldados que habían estado enfrentando. *Sin duda estos hombres recibieron
enormes refuerzos*, debieron haber pensado. *¡Un regimiento derrotado no
atacaría!* En menos de diez minutos, Chamberlain dirigía su espada
hacia la clavícula de un capitán del ejército Confederado.

—Usted, señor, es mi prisionero —le informó.

—Sí señor —contestó el hombre haciendo girar una pistola car-
gada y entregándosela a Chamberlain—. Lo soy.

Diez minutos después, sin munición alguna, ese agotado grupo
de hombres bajo las órdenes de Chamberlain capturó a más de cuatrocientos soldados enemigos.

Los historiadores han determinado que si Chamberlain no
hubiera atacado ese día, el Sur habría ganado en Gettysburg.
Afirman que si eso hubiera ocurrido, el Sur habría ganado la guerra. Pues bien, siempre he creído que de haber ganado el Sur, hoy
día seríamos el Norte y el Sur, pero los historiadores dicen que si el
Sur hubiera ganado tendríamos ahora un continente parecido más a

Europa, fragmentado entre nueve a trece naciones. Eso significa que si Chamberlain no hubiera atacado, cuando Hitler asoló a Europa en la década de los cuarenta no habrían existido Estados Unidos de América para ponerse en la brecha. Cuando Hirohito invadió sistemáticamente las islas del Pacífico Sur, no habría existido una nación suficientemente grande, poderosa, fuerte, poblada y rica para pelear y ganar dos guerras en dos frentes al mismo tiempo. Estados Unidos de América existen hoy día debido a un hombre que tomó una decisión de atacar. Un hombre que decidió que era una persona de acción.

Al que madruga, Dios lo ayuda...

Te animo a volverte madrugador. Thomas Jefferson se levantaba temprano todos los días. Él dijo: «Sea que me acueste tarde o temprano, me levanto con el sol».

A Jefferson, uno de los fundadores de nuestra nación, le gustaba la acción. Él expresó: «¿Sabes quién eres? No preguntes. Actúa. La acción te delineará y te definirá». Afirmó además: «Decide nunca estar ocioso. Es maravilloso lo mucho que se puede hacer si siempre estamos actuando». Esta es otra de las grandes citas de Jefferson: «Soy un gran creyente en la suerte; y descubro que mientras más duro trabajo, más suerte tengo».

Thomas Jefferson sabía que la acción hacía al hombre. Administraba más de cuatro mil hectáreas como agricultor. Se convirtió en topógrafo y en un próspero especulador de tierras. Fue dueño de una rentable fábrica de clavos. Era un jinete extraordinario que aún montaba dos meses antes de su muerte a los ochenta y tres años de edad. Fue un experto arquitecto que diseñó su casa y las casas de muchos de sus amigos.

Jefferson fundó la Universidad de Virginia, diseñó las instalaciones, contrató a los profesores y escribió el plan de estudios. Fue un respetado y publicado naturalista, horticultor y meteorólogo. Era jugador de ajedrez, experto cantante, y violinista; se cree que tenía un Stradivarius. Fue presidente de la Sociedad Filosófica de Estados Unidos durante veinte años, así como regente y alumno de la Universidad William and Mary.

Él era un corresponsal diligente, y más de veintiocho mil de sus cartas sobrevivieron. Hablaba con fluidez latín, griego, francés e italiano. Estudió inglés antiguo, alemán y dialectos indios estadounidenses. Era un voraz lector y coleccionista de libros, y a los cuarenta años de edad tenía una biblioteca de dos mil setecientos volúmenes. Fue creador de la Biblioteca del Congreso, de la Oficina de Patentes de Estados Unidos, y del sistema monetario de Estados Unidos

Jefferson fue abogado en servicio y gobernador durante dos mandatos de la Commonwealth de Virginia. Fue ministro de Estados Unidos en Francia durante cinco años y el primer secretario de estado de Estados Unidos. Fue tanto vicepresidente como presidente de Estados Unidos, y escribió lo que muchos consideran el documento más importante jamás escrito: la Declaración de Independencia.

Hubo un período de cincuenta años en la vida de Jefferson durante el cual nunca amaneció estando él en cama. Se levantaba tan pronto como podía ver las manecillas del reloj al lado de su cama. George Washington Carver también se levantaba temprano. Dijo que lo hacía para poder hablar con Dios y averiguar qué instrucciones le daba para el día. Benjamín Franklin acuñó la máxima: «Al que madruga, Dios le ayuda». Esto es más que una cita; ¡es realmente cierto!

Acepta el reto de despertarte temprano hasta que se convierta en un hábito. Despertarse antes que el resto del mundo es una puerta a nuevas y creativas ideas. También es un principio bíblico. Romanos 13.11–12 declara: «Tengan en cuenta el tiempo en que vivimos, y sepan que ya es hora de despertarnos del sueño [...] La noche está muy avanzada, y se acerca el día; por eso dejemos de hacer las cosas propias de la oscuridad y revistámonos de luz, como un soldado se reviste de su armadura» (DHH).

RETO DE TREINTA DÍAS PARA LEVANTARTE TEMPRANO

Te presento el «Reto de treinta días para levantarte temprano», una actividad que cambiará tu vida si la cumples. Durante treinta días levántate al menos una hora antes que los demás en la casa. (Acuéstate más temprano si es necesario, pero tal vez descubras que no necesitas hacerlo.)

Tu objetivo al levantarte temprano en la mañana es conseguir varias ideas nuevas que te inspiren y te motiven. Mantén papel y lápiz cerca y apunta las primeras veinte ideas que lleguen a tu mente. Escribe rápidamente. Pizarrón. Lluvia de ideas. Encierra en un círculo la idea que sea más importante para ti. A fin de poner esa idea en acción, plantea cinco acciones específicas que puedas tomar en las próximas veinticuatro horas y llévalas a cabo.

En treinta días habrás conseguido treinta ideas nuevas. Cualquiera de ellas puede llevar tu vida en una dirección increíblemente nueva.

(¡No te asustes! No estoy diciendo que esto sea algo que debas hacer por el resto de tu vida. De vez en cuando puedes quedarte dormido después de los treinta días.)

EL EFECTO MARIPOSA EN EL CAMBIO

Lo hermoso de adoptar medidas es que con cada acción que tomas cambias las cosas. Cada vez que haces algo, importa, y puedo probarlo. Cuando entiendes este concepto comienzas a apreciar de veras tu valor, así como el valor de los demás en el mundo. Cada cosa que hacemos importa... para siempre. Y sin embargo, la mayoría de nosotros no vemos esto. Al contrario, parece que algunas personas son más importantes que otras, y que algunos no somos necesarios en absoluto. Además, algunos individuos creen que pueden hacer todo por sí mismos.

> EL MIEDO YA NO TIENE LUGAR EN MI VIDA...
> HE PUESTO AL DESCUBIERTO AL MIEDO COMO
> UN VAPOR, ¡UN IMPOSTOR QUE EN PRIMER
> LUGAR NO TIENE NINGÚN PODER SOBRE
> MÍ! NO TEMO FRACASAR, PORQUE EN MI
> VIDA EL FRACASO ES UN MITO. EL FRACASO
> EXISTE ÚNICAMENTE PARA AQUELLOS QUE
> RENUNCIAN. YO NO RENUNCIO.

Me gusta convencer al director general de una empresa importante de que el hombre o la mujer que contesta los teléfonos no es tan solo recepcionista sino «director de primeras impresiones» para toda la compañía. El director general puede salir a vacaciones por tres o cuatro semanas, y quizás ni nos demos cuenta de que se ha ido, pero si el director de primeras impresiones se toma la tarde libre, ¡la empresa podría cerrar! Todos somos importantes.

¿Has oído hablar del efecto mariposa? Este fue el tema de una tesis doctoral escrita en 1963 por Edward Lorenz. Según este hombre, el efecto mariposa propone que la mariposa puede batir las alas y poner en movimiento moléculas de aire que finalmente pueden crear un huracán al otro lado del mundo. La Academia de Ciencia de Nueva York se rio del efecto mariposa porque todos lo vieron como ridículo.

Pero *era* interesante. La teoría se expuso como leyenda urbana hasta mediados de los noventa, cuando profesores de física demostraron que el efecto mariposa era exacto y viable. Es más, funcionaba con toda forma de materia en movimiento, incluso las personas. Igual que la ley de la gravedad, al efecto mariposa se le dio el rango de ley porque funcionaba todo el tiempo. Ahora se le conoce como ley de dependencia sensible bajo condiciones iniciales.

Joshua Chamberlain es un excelente ejemplo del efecto mariposa. Un hombre hizo un movimiento hace ciento cincuenta años, y los efectos todavía se están sintiendo hoy día en todas nuestras vidas.

EL CAMPO DE PROTECCIÓN DEL PROPÓSITO

Se me ocurre que al leer esto podrías estar atravesando la peor época de tu vida. De ser así, debes saber que esto es normal. *Todos estamos ya sea en una crisis, saliendo de una crisis, o dirigiéndonos a una crisis.* Es parte de estar en este planeta. Las cosas podrían parecer horribles ahora, pero tú sigues estando aquí. Y si estás *aquí*, no has terminado lo que te pusieron a hacer aquí.

La parte más grandiosa de tu vida, tu propósito, aún lo tienes que vivir. ¡Hay mucha más diversión! Hay más éxito por experimentar. Hay más risas para disfrutar. Hay más niños a quienes enseñar y más amigos a quienes influir y ayudar. Y si aquello para lo cual se te puso aquí no se ha completado, no se te puede arruinar. Existe una protección a tu alrededor igual que la tuvo Chamberlain. Cuando la bala hizo blanco en Chamberlain, le dio en la hebilla. Él comprobó (así como tú puedes comprobar) que hasta que consigas aquello para lo que se te puso aquí, no te podrán acabar.

Chamberlain serviría después cuatro períodos como gobernador de Maine. Durante el tercero recibió más confirmación de la protección divina que lo rodeaba. A la casa del estado llegó una carta dirigida al gobernador Joshua Chamberlain de parte de un miembro de la Decimoquinta de Alabama:

> *Muy señor mío:*
>
> *Quiero hablarle de un pequeño incidente en la batalla de Round Top, Gettysburg, con relación a usted y a mí del que ahora me alegro. Dos veces en esa batalla tuve su vida en mis manos. Me hallaba en un lugar seguro entre dos rocas y lo tuve a usted en la mira. Usted estaba parado al descubierto, detrás del centro de sus líneas, totalmente desprotegido. Me di cuenta de su rango por su uniforme y su tono, y pensé que sería bueno eliminarlo. Apoyé la pistola en la roca y apunté. Empecé a jalar el gatillo, pero una idea extraña me detuvo. Entonces sentí vergüenza de mi debilidad y repetí los movimientos de manera rutinaria. Lo tenía a usted perfectamente seguro. Pero esa misma idea extraña se volvió a cerrar debajo de mí. No pude apretar el gatillo y desistí. Eso le salvó la vida. Ahora me alegro y espero que usted también.*
>
> *Atentamente,*
> *Un miembro de la Decimoquinta de Alabama*

Habrá protección para ti a medida que actúes, te muevas, y te conviertas en aquello que debes llegar a ser. Quizás nunca lo veas, pero puedo prometerte esto: no hay necesidad de vivir el resto de tu vida, ninguna parte de ella, en temor.

APROVECHA TUS FORTALEZAS

Cada uno de nosotros se destaca en ciertos aspectos. Algunos son corredores veloces. Otros son pensadores perspicaces. Algunos son mejores en el manejo de las finanzas. Otros se comunican con confianza. Hay quienes son atentos, amorosos e inspiradores. Otros son leales. Sin duda captas la idea.

Deseamos identificar no solamente los aspectos en que debemos mejorar; ¡queremos aprovechar nuestras fortalezas dadas por Dios! Si aprovechamos nuestras actuales fortalezas podemos cobrar impulso y asumir los retos que nos esperan.

Clarifica en qué eres grandioso, qué haces mejor y qué disfrutas más. ¿Cuál es tu «zona de riesgo»? ¿Cuáles son las áreas que dominas? Haz una lista de tus fortalezas en tu diario.

LA DECISIÓN DE ADAMS

John Adams fue más que tan solo nuestro segundo presidente; los logros de su vida conformaron en gran manera nuestro mundo. Él fue un servidor que proclamó: «Si nosotros mismos no nos ponemos al servicio de la humanidad, ¿a quién serviríamos?».

John Adams tuvo un propósito más allá de su propia vida. Creía que no eran las palabras o las reacciones, sino *las acciones*, las que hacen al individuo. Hubo una nueva ley alrededor de las colonias que fácilmente pudo haber arruinado a Adams: los colonos se negaron a comprar papel sellado, mientras que el gobernador británico se negó a reconocer documentos legales sin estampillas. Aunque esto básicamente cortaba los ingresos de Adams como abogado, él apoyó a los colonos incluso cuando algunos compañeros «patriotas» apoyaban solo cuando no les afectaba los bolsillos. Para Adams, su apoyo era crítico porque estaba alineado con las palabras de Thomas Jefferson en uno de los documentos más poderosos alguna vez creados: la Declaración de Independencia: «Y para robustecimiento de esta declaración, confiados a la protección de la Providencia divina, empeñamos unos a otros nuestra vida, nuestra fortuna y nuestro sagrado honor».

¿Qué puedes aprender del ejemplo de uno de nuestros más grandes presidentes? La grandeza tiene un costo. ¿A qué tendrás que renunciar para conseguir lo que quieres? ¿Tiempo? ¿Hábitos insignificantes, o creencias limitantes? ¿Tendrás que renunciar a tus temores? Recuerda: los pensamientos no cambian nada hasta que se les pone en acción. La acción cambia todo.

Adams se veía como algo más que un hombre educado en Harvard, un gran abogado, un esposo para Abigail, o el presidente de una nación. Adams se veía como un formador del futuro. Él sabía que sus acciones afectarían a muchos; por tanto actuaba y hablaba en una manera coherente con este entendimiento. ¿Y si creyeras que tus acciones de hoy afectarán a millones de personas? ¿Cómo actuarás y hablarás? ¿Cómo debes actuar y hablar ahora para hacer que no solamente tus sueños sino los de millones de personas se hagan realidad? John Adams sabía su papel; él declaró: «Debo estudiar política y guerra para que mis hijos tengan la libertad de estudiar matemáticas y filosofía». Adams iba a hacer algo por el futuro. En realidad no quería estudiar política ni guerra, pero en su mente debía hacerlo para que sus hijos tuvieran la libertad de estudiar lo que quisieran.

TUS ROLES EN ACCIÓN

John Adams conocía su papel: «Debo estudiar política y guerra para que mis hijos puedan tener la libertad de estudiar matemáticas y filosofía».

¿Cómo te ves tú mismo? Escribe tres roles que crees que identifican quién eres y de qué trata tu vida (empresario visionario, extraordinario padre o madre, etc.).

¿Qué acciones específicas puedes tomar que estén vinculadas con cada uno de estos papeles?

PERFIL DEL VERDADERO VIAJERO: STAN LEE

Si alguna vez has leído una revista de historietas o visto una película de acción basada en un héroe de tiras cómicas, probablemente has experimentado la vívida imaginación de Stan Lee. El expresidente de Marvel Comics y Marvel Films, y ahora ¡cofundador de POW! Entertainment, Stan Lee, es tal vez la personalidad más influyente en el negocio de las revistas de historietas. Personajes legendarios como el Hombre Araña, el Increíble Hulk, los Cuatro Fantásticos y los X-Men fueron todos concebidos por la mente brillante de Lee.

Es fácil suponer que tan extraordinario innovador tuviera pocos problemas en el inicio de su carrera. «Oye, este tipo creó al Hombre Araña. Estoy seguro de que no tuvo ningún problema para conseguir trabajo». Sin embargo, la senda del Viajero siempre está accidentada con el fracaso y la adversidad.

He aquí una correspondencia personal de Stan Lee.

Hola, Andy:

Pocas veces he seguido el consejo de alguien más en mi vida, así que no sé por qué quisieras seguir el mío, pero por si sirve de algo, he aquí una idea con la que tal vez quieras jugar...

No aprendes ni creces de tus triunfos, sino de tus fracasos. El fracaso es el lubricante que mantiene en funcionamiento los motores del mundo. Es la adrenalina que desencadena la condición humana, que nos hace comprender, investigar y crecer. No obstante, tienes que saber cómo tratar con el fracaso, y lo más importante, cómo liberarte de su yugo. Como ejemplo...

Durante los primeros veinte años en mi carrera en las revistas de historietas intenté en vano vender una tira cómica a los principales consorcios periodísticos. Yo quería estar a la altura de los individuos que crearon Dick Tracy, Terry y los piratas, y Flash Gordon. Sin embargo, durante todo ese período de veinte años recibí rechazo tras rechazo. Hablando de rechazo... ¡yo fui el modelo a seguir! ¿Renuncié? ¿Imaginé que estaba perdiendo mi tiempo? ¿Me di por vencido? ¡Por supuesto que lo hice! [NOTA: en realidad Stan solo está siendo poético. Él no se dio por vencido, ¡simplemente cambió su enfoque hasta obtener lo que quería!]

Entonces dediqué todas mis energías a hacer mis revistas de historietas tan buenas como podían serlo. [Stan Lee elige la Decisión Activa, que lo llevó al momento decisivo.] ¿Y qué ocurrió? Después dejé de perder tiempo coleccionando tiras de rechazo de consorcios periodísticos y empecé a concentrarme en lo que mejor sabía hacer: el Hombre Araña, el Increíble Hulk, y todos los otros héroes que Marvel engrandeció. Se hicieron mundialmente famosos.

¡Entonces sucedió! Las cadenas de periódicos me buscaron. No escribí más incontables cartas ni di interminables golpes en puertas; ¡ahora puedo elegir qué consorcio debo permitir que me represente!

Eso me enseñó una lección inolvidable. Solo lamento haber tardado veinte años en aprenderla. La persistencia es una gran virtud. Sea lo que sea que estés tratando de lograr, nunca debes renunciar mientras haya un hilo de esperanza. Sin embargo...

También debes ser lo suficientemente perspicaz para saber cuándo algo no va a funcionar. Tiene que haber un momento en que renuncias y buscas otras oportunidades... el mundo está lleno de ellas. No todo el mundo logra triunfar en todo esfuerzo. No todos agarran el anillo de oro en una actividad elegida. Así como es importante no darte por vencido mientras tengas una oportunidad de luchar, es igualmente importante saber cuándo dejar de perder tiempo tratando de lograr una meta imposible. A veces es mejor hacer ajustes, cambiar de dirección, y encontrar otro reto, uno que tenga una mejor oportunidad de éxito.

Lo importante es que no te aferres al fracaso. No necesitas ese mono en la espalda. Si algo no funciona, salte de la vía y toma otro tren. Allá afuera hay un mundo grande y amplio; tienes innumerables opciones, ¡no descuides ninguna! Así pasó conmigo. De repente me doy cuenta de que esta carta quizás no esté lográndolo, por tanto soy lo suficientemente listo para abandonar, ¡ahora mismo!

Felicidades,

Stan Lee

CUATRO

La Decisión Segura

TENGO UN CORAZÓN DECIDIDO.

La verdad es la verdad. Si mil personas creen en una necedad, ¡sigue siendo una necedad! La verdad nunca depende del consenso de las opiniones. He encontrado que es mejor estar solo y actuar según la verdad de mi corazón que seguir una manada de gansos necios condenados a la mediocridad.

La Decisión Segura para el éxito personal es lo que alimenta tus acciones desde la Decisión Activa. La claridad de visión que mantienes en tu mente es directamente proporcional a la eficacia de tus acciones. Un corazón decidido es inquebrantable frente a los desafíos y retos continuos, y eso asegura la victoria y una vida de mayor realización.

TENGO UN CORAZÓN DECIDIDO.

Un sabio dijo cierta vez: «Un viaje de mil kilómetros comienza con un solo paso». Con la certeza de que esto es verdad, doy hoy mi primer paso. Porque mis pies han estado indecisos demasiado tiempo, arrastrándose de derecha a izquierda, más hacia atrás que hacia adelante mientras mi corazón calibraba la dirección del viento. Van y vienen según el dilapidado aliento de seres inferiores que no ejercen poder sobre mí. El poder de controlar mi dirección me pertenece a mí. Hoy comenzaré a ejercitar ese poder.

Mi derrotero está trazado. Mi destino asegurado.

Tengo un corazón decidido. Siento pasión en cuanto a mi visión del futuro.

Me despertaré cada mañana con anticipación por el nuevo día y sus oportunidades para crecer y cambiar. Mis pensamientos y acciones se moverán hacia adelante, nunca se deslizarán dentro del oscuro bosque de la duda o la oscura arena movediza de la autocompasión. Ofreceré sin reservas mi visión del futuro a otros, y mientras vean la fe en mis ojos, me seguirán.

Pondré la cabeza sobre la almohada por la noche felizmente agotado, sabiendo que he hecho todo lo que está a mi alcance para mover las montañas que se encuentran en mi camino. Mientras duermo, el mismo sueño que domina mis horas de trabajo estará conmigo en la oscuridad. Sí, tengo un sueño. Es un gran sueño y nunca pediré disculpas por él. Tampoco dejaré que se vaya nunca, porque si lo hiciera, mi vida habría terminado. Mis esperanzas, mis pasiones, mi visión sobre el futuro constituyen mi verdadera existencia. Una persona sin un sueño nunca supo lo que es que un sueño se haga realidad.

Tengo un corazón decidido. No esperaré.

Sé que el propósito del análisis es llegar a una conclusión. He probado las opciones. He medido las probabilidades. Y ahora he tomado una decisión con mi corazón. No soy tímido. Me pondré en movimiento ahora y no miraré hacia atrás. Lo que posponga hasta mañana, lo pospondré también hasta el día siguiente. No voy a obrar con dilación. Todos mis problemas se reducen cuando los enfrento. Si toco un cardo con cuidado, me pinchará, pero si lo agarro con fuerza, sus espinas se deshacen como polvo.

No esperaré. Siento pasión en cuanto a mi visión del futuro. Mi derrotero está trazado. Mi destino asegurado.

Tengo un corazón decidido.

EL PROPÓSITO DEL ANÁLISIS

La cuarta decisión establece: *tengo un corazón decidido*. Más personas fracasan en lo que intentan debido a un corazón indeciso que por cualquier otra razón. Todos conocemos individuos que toman decisiones con un corazón indeciso. Te hablan de una decisión que están tratando de tomar, se lamentan por las variadas opciones, te piden tu opinión, y luego hablan con alguien más acerca de la decisión, ¡pidiendo más opiniones! «¿Qué opinas? ¿Izquierda? ¿Derecha? ¿Arriba? ¿Abajo? ¿Anaranjado? ¿Verde?». Hasta piden opiniones acerca de la primera opinión que recibieron. «¿Qué piensas de lo que este tipo dijo?».

Entonces toman la decisión de volver a acudir a sus amigos para debatir si deben cambiar su decisión o mantenerse en ella. La vida se convierte en un permanente estado de análisis.

Pero escucha esto: *¡el propósito del análisis es llegar a una conclusión!* No es seguir analizando. ¡Manos a la obra! Repitiendo lo que ya dijimos, las personas exitosas toman sus decisiones rápidamente y cambian de opinión muy lentamente. Las personas que fracasan toman sus decisiones lentamente y cambian de opinión con mucha rapidez. ¡Muchos individuos pasan tanto tiempo analizando las decisiones que ya han tomado, que no les queda energía para hacer realidad lo que decidieron!

La posibilidad de tomar una «decisión correcta» asusta a las personas. No creo que podamos tomar decisiones correctas todo el tiempo a menos que hayamos nacido con la habilidad de predecir el futuro (lo cual no creeré hasta que vea este titular en un periódico: «Psíquico gana lotería»). A menos que puedas predecir el futuro, es posible que no logres reunir suficiente información para tomar decisiones correctas todo el tiempo. Sin embargo, como dijimos anteriormente, tenemos la habilidad de *tomar una decisión y luego proceder a enderezarla.*

UN CORAZÓN DECIDIDO

El gran evangelista Billy Graham señaló brillantemente: «Siempre me sorprende cuántas personas en problemas confunden la voluntad de Dios para sus vidas con la simple y antigua mala toma de decisiones». La sabiduría en esa declaración es profunda y revela cuántas personas no entienden la Decisión Segura.

Tengo un corazón decidido. Mi destino está asegurado.

¿Qué es entonces un corazón decidido? Un corazón decidido tiene que ver con cómo tomamos decisiones y con nuestra conducta después de tomar esa decisión; no tiene nada que ver con acción o persistencia.

Todos conocemos individuos que viven atrapados en interminables análisis, y nunca sobrepasan la avalancha de toma de decisiones. El interminable proceso de recolección de opiniones y la incertidumbre cobran impulso, como una bola de nieve que rueda cuesta abajo haciéndose cada vez más y más grande a medida que el análisis se vuelve más complejo. Cuando finalmente toman una decisión, el análisis continúa.

Aunque hay cuestiones que no se pueden responder, sí se pueden decidir. Recuerda: la mayoría de las veces no tendrás todos los hechos que necesitas para tener una imagen completa. No obstante, sí tendrás todos los hechos que necesitas para tomar una decisión.

¿Recuerdas el debate sobre liderazgo que tuvimos en la introducción?

—¿Dónde quieres comer?

—No sé. ¿Dónde quieres comer tú?

—En realidad, donde tú quieras ir...

Ten en cuenta que los individuos que toman una decisión y luego la corrigen son las personas que admiramos en nuestra sociedad. Tienen corazones decididos, y su destino está asegurado.

¿Conoces personas que están absolutamente seguras de que Dios las lleva por cierto camino, hasta que este se vuelve difícil y entonces están muy seguras de que Dios las ha guiado en la dirección opuesta? Si conoces individuos que están decididos a vivir en ese inframundo de confusas tomas de decisiones, ¡diles que Dios les ordena que salgan de allí!

Dios no cambia de opinión. ¿Sabías que incluso la Biblia dice que las personas sin carácter son peligrosas? «La gente que no es confiable ni capaz de tomar buenas decisiones no recibirá nada del Señor» (Santiago 1.7–8 TLA). Una persona indecisa permite inestabilidad en cada parte de su vida. Esta impregna todo: nuestras familias, nuestros negocios, nuestras esperanzas y nuestros sueños. Y si no decidimos qué es lo importante en nuestras vidas, terminaremos haciendo cosas que son importantes para otras personas.

Cuando demuestras un corazón decidido y te comprometes a cumplir el destino que has elegido, tu vida nunca será la misma. Las personas te seguirán a todas partes en busca de tu sabiduría y consejo, todo porque tienes un corazón decidido. Los retos que anteriormente creías que eran obstáculos en tu vida se derriten a tus pies cuando tienes un corazón decidido.

CÓMO IDENTIFICAR TUS IMPULSORES

En este punto de nuestra exploración de las siete decisiones has identificado numerosos aspectos para crecer, e incluso te has comprometido a realizar algunas acciones. Ahora, basándote en lo que has aprendido acerca de ti mismo hasta aquí, elige tres decisiones específicas que tengas que tomar mientras trabajas en este libro.

Para cada decisión escribe todas las razones de por qué tal decisión es importante: por qué es una CONDICIÓN NECESARIA. ¿Qué recibirás al cumplir esta decisión? ¿Cómo cambiará tu vida? Los impulsores detrás de tus decisiones serán los que te darán la energía para llevarlas a cabo. Mientras más poderoso el impulsor, más comprometido te volverás.

ENCUENTRA TU VISIÓN

Una de las mejores maneras de mantener decidido tu corazón es asegurarte de que el destino hacia el que estás trabajando vale la pena.

La vida puede ser una lucha. El éxito como padre, amigo, empresario o contribuyente de la comunidad, o el éxito en cualquier nivel y en cualquier ámbito, pueden ser, y a menudo son, una lucha. Será una lucha mantener un corazón decidido; ¡de otro modo estarás lidiando con algo que en primer lugar no vale la pena luchar!

¡Piensa en grande! Si aquello en lo que estás trabajando no es suficientemente grande, te van a agarrar por sorpresa cosas mayores todos los días de tu vida. Recuerda: si vas a cazar conejos en una región de tigres debes mantenerte alerta para ver los tigres. Pero si estás cazando tigres, ¡simplemente olvídate de los conejos!

UN TALLER DE MINIFIJACIÓN DE OBJETIVOS

Nunca tendrás escasez de tiempo o dinero... solo de una idea. Linus Pauling, premio Nobel en química, expresó: «La mejor manera de tener una buena idea es tener muchas ideas».

Ahora es el momento de entender algunas de las principales metas que deseas lograr. Haz en tu diario una lista maestra de objetivos grandes y pequeños que tengas para tu vida. ¿Quieres escribir un libro? ¿Quieres dirigir tu división? ¿Empezar una empresa? ¿Comenzar una familia? ¿Viajar a Australia? ¿Leer más poesía? ¿Tomar una clase de degustación de vinos? ¿Aprender un lenguaje extranjero? ¿Tomar clases de artes marciales? ¿Dominar caligrafía?

¿En qué nueva aventura deseas embarcarte? ¿Qué nueva habilidad debes dominar?

Tus objetivos deberían ayudarte a moverte hacia la visión final de la vida que deseas crear. Conquista tus objetivos para tu vida profesional y personal.

TU CORAZÓN, TU VIDA

Cuando me senté a esbozar *El regalo del viajero*, hice una lista de personas que a lo largo de la historia personificaban mejor cada una de las siete decisiones. Al llegar a la cuarta decisión: «Tengo un corazón decidido; mi destino está asegurado», Cristóbal Colón prácticamente saltó hacia mí. Colón, con todos sus defectos, personificaba a una persona con un corazón decidido. Una de las características de alguien con un corazón decidido es que es dueño de su decisión. «Si estás conmigo, magnífico; si no estás conmigo, estupendo. Yo voy. Tengo un corazón decidido. Puedes participar en el proceso o no. Y si estás contra mí, no me importa lo que pienses o digas».

A Colón no le importó lo que alguien pensara o dijera, y francamente fuera de tu junta personal de directores, no te debería importar la opinión de nadie. A medida que te embarcas en tu viaje con un corazón decidido puedo prometerte que rugirá el lloriqueo de tu gallinero personal de escépticos y no muy buenos amigos. ¡Te sorprenderás! Las personas que creías que estarían a tu lado, pero que no lo estarán, podrían conformar un grupo más grande del que te imaginabas. Si te preocupas por lo que los demás piensen, tendrás más confianza en sus opiniones que en las tuyas propias. Tu futuro no depende de las opiniones o del permiso de otros.

Si tienes miedo a las críticas tendrás poco efecto en el mundo. Las críticas proliferarán, y si te apocan te ahogarás en sus aguas profundas. Cada vez que haces algo absurdo según los estándares de los demás, estos se pondrán a rebuznar como burros.

SI TE PREOCUPAS POR LO QUE LOS DEMÁS
PIENSEN, TENDRÁS MÁS CONFIANZA EN SUS
OPINIONES QUE EN LAS TUYAS PROPIAS.

¿Quieres saber por qué pasa esto?

Lo siento, no tengo idea.

Esto ha sucedido en mi propia vida. He visto que ocurre en las vidas de amigos, y lo he presenciado mientras personas se esfuerzan por lograr algo grande; y las críticas provienen de la nada. No sé por qué las personas se sienten tan amenazadas por su propia percepción de tu éxito, que se las arreglan para convertirte en el centro de sus vidas. Sin embargo, sé que no puedes permitir que ellas se conviertan en el centro de la tuya.

LA INICIATIVA DE CORTÉS

En 1519 un hombre extraordinario zarpó en la travesía final de un viaje desde las costas de Cuba hacia la península de Yucatán con once barcos, quinientos soldados, cien marineros y dieciséis caballos. La misión era clara: ¡apoderarse del tesoro más rico del mundo! Se trataba de una fortuna en oro, plata, artefactos y joyas. Esta riqueza la había mantenido segura el mismo ejército durante seiscientos años. Este tesoro no era ningún secreto. El mundo sabía de su existencia porque ejército tras ejército habían tratado de robarlo. Conquistador tras conquistador habían llegado con sus fuerzas para apoderarse de este tesoro, pero nadie había podido lograrlo. ¡No durante seiscientos años!

Hernán Cortés era un conquistador. Hoy día esta ocupación sería políticamente incorrecta, pero en aquel entonces era simplemente una descripción laboral. Médicos, banqueros, conquistadores... captas la idea.

LA MAYORÍA DE LAS PERSONAS FALLA EN CUALQUIER
COSA QUE INTENTA DEBIDO A UN CORAZÓN INDECISO.
EL ÉXITO REQUIERE EL EQUILIBRIO EMOCIONAL DE UN

CORAZÓN COMPROMETIDO. AL SER CONFRONTADO CON UN RETO, EL CORAZÓN COMPROMETIDO BUSCA UNA SOLUCIÓN. EL CORAZÓN INDECISO BUSCA UN ESCAPE.

Cortés estaba consciente de que muchos conquistadores que habían tratado de reclamar este tesoro habían fallado. Pero el enfoque de este hombre fue distinto. Reunió un ejército comprometido más allá del nivel del individuo común. En lugar de contratar a todo recluta que lo solicitaba, Cortés lo entrevistaba primero. Le hablaba del tesoro, de cómo sería su vida cuando se apoderaran de esa fortuna, y de cómo serían sus familias y sus generaciones futuras cuando tuvieran tal riqueza. Incluso fantaseaba acerca de cómo sería el momento en que pusieran las manos en el tesoro. Les vendió la visión. Ellos se comprometieron y zarparon.

A mitad de viaje, a Cortés se le presentó un problema. Muchos de los soldados y marineros que una vez estuvieron «tan seguros» se convirtieron en llorones.

—Señor Cortés... no estamos seguros de que debamos estar en este barco en este momento.

—Esto no resultó ser lo que esperábamos...

Cuando llegaron a la península de Yucatán, Cortés reunió en la playa a todos sus hombres. Ellos se quedaron tranquilos, esperando que Cortés les dijera: «Estamos aquí, iremos allá. Si las flechas empiezan a volar, encuéntrenme en este tocón de cocotero... saldremos de aquí».

En vez de eso, se inclinó y ordenó:

—Quemen los barcos.

—¿Cómo dijo? —cuestionaron con incredulidad.

—Quemen los barcos —repitió Cortés—. Prendan fuego a las embarcaciones.

Entonces hizo una pausa.

—Si vamos a volver a casa —añadió—, lo haremos en los barcos de ellos.

Y bajo las órdenes de su líder, *¡quemaron sus propios barcos!*

Entonces sucedió algo asombroso. Estos hombres pelearon realmente bien. ¡Por primera vez en seiscientos años el tesoro fue capturado!

¿Por qué? Porque la alternativa que tenían era apoderarse del tesoro... ¡o morir!

QUEMEMOS NUESTROS BARCOS

La pregunta para ti es sencilla. *¿Qué barcos en tu mente siguen haciendo flotar las excusas y las creencias limitantes que te están impidiendo obtener lo que afirmas que quieres? ¿Qué barcos en tu vida debes quemar?*

La mayoría de nosotros tememos quemar barcos porque sabemos que nos criticarán si lo hacemos. ¿Te han criticado alguna vez por algo que creías o por algo que hiciste con buenas intenciones o porque eres diferente? ¿No duele eso? Es una sensación horrible.

¿Quieres saber ahora mismo cómo superar la crítica y esa horrible sensación de ser criticado?

Hay algunas personas en tu vida que nunca van a gustar de ti. A medida que te vuelvas más próspero, a algunas no les gustará nada de lo que hagas. Piensa en tu libro favorito o en la película más taquillera de todos los tiempos. Ahora conéctate en línea y empieza a leer opiniones de los consumidores o interesados en Amazon.com o en algún otro sitio de opinión. No importa que tu libro favorito haya vendido más de veinte millones de ejemplares o si tu película favorita recaudara más de quinientos millones de dólares en taquilla, encontrarás un montón de comentarios críticos.

El otro día me preguntaba: *¿Se librará alguien en el mundo? ¿Hay alguien en el mundo que les caiga bien a todos?*

Esa misma noche oí a alguien decir en un programa de entrevistas: «¡Y ese es tan solo otro ejemplo de la tendencia de Estados Unidos a ser como Oprah!».

Era obvio que esta persona quiso decir: «No me gusta Oprah».

Muchos podrían preguntar: «¿Cómo es posible que no te guste Oprah? ¿Esta agradable y maravillosa mujer que hace cosas buenas alrededor del mundo? Ella es generosa, bondadosa, inteligente, divertida... ¿Cómo es posible que no te guste?».

Sin embargo, a muchos no les gusta.

La Iglesia Católica concluyó la beatificación de la Madre Teresa y del papa Juan Pablo II, declarándolos santos. Como parte del proceso, algunas personas les cuestionaron la santidad de estas personas. ¿Qué es lo que afirman? No tengo idea. ¿Qué podrían decir? Sin embargo, estos críticos aparecen.

Cuando la crítica nos molesta, lo que más necesitamos es una buena dosis de perspectiva. Por tanto, he aquí la nuestra. Amigos, ¡los críticos hablan mal de Oprah y de la Madre Teresa! ¿Quiénes somos para estar exentos? Debemos aceptar esto tal como lo que es: chácharas de gentuza que en última instancia no pueden ayudar ni lastimar. No les hagas caso.

CÓMO LIBERAR TU SUEÑO ESCONDIDO

Si tuvieras un sueño escondido, secretamente alimentado cerca de tu corazón, ¿cuál sería? En tu diario descríbelo de manera detallada.

FLORECE A PESAR DEL RECHAZO

La realidad es que la crítica y el rechazo duelen, pero debes resguardarte de ellos a fin de proteger tu corazón decidido. Te diré lo que hago para proteger mi corazón decidido. Cuando estaba tratando de que me publicaran *El regalo del viajero*, el libro recibía rechazo tras rechazo. Recibí una nota de un alto agente literario en William Morris que decía: «Encuentro tu historia un poco melodramática y carente de trama y descripción. Además, no siento que los personajes que describes cobren vida».

Pensé: *Muy bien, así que no te gusta la historia. No te gusta la trama ni la descripción. Además no te gustan los personajes. Aparte de eso, ¿qué no te gustó?*

LA CRÍTICA, LA CENSURA Y LA QUEJA SON CRIATURAS DEL VIENTO. VIENEN Y VAN EN EL ALIENTO INÚTIL DE SERES INFERIORES QUE NO TIENEN PODER SOBRE MÍ.

Mi truquito para que durante este tiempo difícil mi corazón decidido se mantuviera floreciente, feliz y en el camino hacia mi destino asegurado fue hallar otros escritores a quienes yo admiraba, y que también recibieron este mismo tipo de rechazo.

En realidad me sentí muy bien después de encontrar una carta de rechazo del *Diario de Anne Frank*. El editor expresó: «Esta chica no tiene ninguna percepción especial o sentimiento que levantaría este libro por sobre el nivel de la curiosidad». Más de veinticinco millones de ejemplares del *Diario de Anne Frank* se han vendido en todo el mundo.

Cuando se presentó el manuscrito del clásico *El señor de las moscas*, el editor comentó: «No me parece que usted haya tenido un éxito completo en la elaboración de esta idea». Hasta la fecha se han vendido más de catorce millones y medio de ejemplares.

Un desconocido escritor llamado Dr. Seuss presentó a un editor un manuscrito titulado *Y pensar que lo vi en la calle Porvenir*. El manuscrito fue rechazado por veintisiete editores, incluso por uno que dijo: «Es demasiado diferente de los otros libros que existen en el mercado para menores como para que se justifique su venta. Pasamos».

La mayoría de nosotros leímos en la escuela el clásico de George Orwell, *Rebelión en la granja*. El editor manifestó: «Es imposible vender historias de animales en Estados Unidos». *Rebelión en la granja* ha vendido más de diez millones de ejemplares.

Realmente sentí que estaba en buena compañía cuando leí la carta de rechazo enviada a Rudyard Kipling por un manuscrito que presentó, titulado *El libro de la selva*. El editor le envió esta nota: «Lo siento, señor Kipling, pero usted simplemente no sabe cómo usar el idioma inglés». Pensé: *¡Santo cielo! Estoy en buena compañía*.

Eso es lo que hago para proteger mi corazón decidido.

CÓMO ELIMINAR LAS CREENCIAS QUE DEBILITAN

Algunos de los mayores retos para tener un corazón decidido son nuestras creencias limitantes conscientes e inconscientes. Estas creencias a menudo se traducen en monólogos negativos, tales como: *No puedo hacerlo, no soy suficientemente bueno, no soy muy inteligente,* o *no puedo hacer que esto funcione.*

Muchas de estas creencias debilitantes están ocultas y a salvo, lejos de nuestra mente consciente; a menos que se las descubra, se las desmantele, y se las libere, son destructivas para nuestro crecimiento. Con frecuencia, el simple hecho de ser conscientes de las creencias limitantes puede ayudar a disolverlas.

¿Cuáles son cinco creencias limitantes que tienes acerca de ti? Piensa otra vez en los temores que definiste en el ejercicio «Cómo superar el miedo» en la página 58. Detrás de todo temor hay al menos una creencia debilitante acerca de ti mismo. Deja al descubierto tus creencias destructivas y escríbelas.

LA PASIÓN DEL CARÁCTER DECIDIDO

Puesto que tenemos corazones decididos, estamos en camino hacia un destino que está asegurado. Personas como Michael Jordan, Oprah Winfrey, Albert Einstein, Richard Branson y Tiger Woods son tan extraordinarias porque con corazones decididos han dominado sus vidas en sus propios términos. Con corazones decididos y con alegría infantil aprendemos a desafiar las normas convencionales. Originando soluciones y moviéndonos hacia lo que queremos, en vez de lo que no queremos, podemos realmente desarrollar un sentimiento de emoción que desencadena acción frente a la crítica y el rechazo. Esto despierta un deseo ardiente y una determinación implacable cuando las posibilidades están en contra de nosotros.

POBRE EL HOMBRE CUYO FUTURO DEPENDE DE LAS OPINIONES Y EL PERMISO DE OTROS. RECUERDA ESTO: SI TIENES MIEDO A LA CRÍTICA, ¡MORIRÁS HACIENDO NADA!

Destilada en una palabra, la idea de un corazón decidido es pasión. La pasión viene del corazón. No tiene nada que ver con la mente. Es más, en tiempos de decisión podrías haber oído que alguien comentara: «Todo el asunto se movió de mi cabeza a mi corazón». Eso es pasión. La pasión te ayuda cuando tienes un gran sueño. Engendra convicción y cambia la mediocridad en excelencia en todo lo que hagas.

La pasión inspira a otras personas a unirse a tu búsqueda. Podrías prenderte fuego y otros vendrían a verte arder.

La pasión te ayuda a vencer obstáculos insuperables. ¡Te vuelves imparable! Tu vida se convierte en una declaración, en un ejemplo. Otros verán sus futuros en tus ojos.

Juana de Arco solo tenía diecisiete años cuando dirigió los ejércitos de Francia contra los ingleses. Una tarde cuando los ejércitos de Francia se acercaban a la ciudad, vieron a la distancia decenas de miles de soldados que ocupaban las barricadas en cada elevación.

—En este instante —instó Juana de Arco a sus líderes—. Ahora. Ahora mismo. Debemos tomarlos. Ya.

Los líderes de la joven estaban aterrados ante la audacia y la pasión de ella por ganar esta batalla contra guerreros experimentados. Después de todo, Juana era una muchacha campesina que guiaba una turba de hombres franceses.

—Tengo la intención de atacar el centro de la barricada —informó ella.

—Si vas, ningún hombre te seguirá —le advirtieron.

—No miraré hacia atrás —respondió Juana simplemente.

La pasión de esta jovencita cambió la historia. ¿Qué puedes hacer tú con la pasión que arde en tu corazón?

DISEÑO DEL MAYOR ESPECTÁCULO DE LA TIERRA

Phineas Taylor Barnum nació con un día de retraso el 5 de julio de 1810. El hombre habría preferido juegos artificiales y una celebración de costa a costa para conmemorar la llegada del más grande director de espectáculos del planeta. Pero como la naturaleza lo quiso, perdió la fiesta por cuatro horas. El nombre Phineas fue bien puesto. Su significado bíblico es «boca atrevida». El abuelo materno de P. T. tuvo la principal influencia en el muchacho en sus años de formación. El viejo anteojudo, melenudo y bullicioso amaba mucho a su nieto y pasaba gran parte de su tiempo jugándole bromas o formándole una boca como la suya. En las propias palabras de P. T., «mi abuelo iba más lejos, lloraba más, trabajaba más duro, y planeaba más a fondo para realizar una broma pesada que por cualquier otra cosa debajo del cielo». Este modelo le sirvió muy bien a Phineas en sus últimos años.

Su padre murió cuando Phineas tenía quince años, dejando a la familia en bancarrota y al muchacho como el único apoyo. Phineas trabajó como empleado en una tienda de abarrotes de la localidad (de la que llegó a poseer la mitad), donde descubrió su habilidad para promocionar y descubrir visión. En julio de 1835 el destino de Barnum tocó a la puerta. Un hombre llamado Coley Bartram entró a la tienda y habló de una mujer llamada Joice Heth, que supuestamente tenía 161 años de edad y fue niñera del presidente George Washington durante su infancia. El hombre que en ese momento se encargaba del show de Joice Heth estaba ansioso de regresar a su estado natal de Tennessee y buscaba un comprador para el espectáculo.

Barnum anhelaba tener una oportunidad más grande y mejor. Regatearon el precio de venta de tres mil dólares por el show, llegando a un acuerdo de mil dólares por el Joice Heth Show. A fin de asegurar la compra, Barnum persuadió al vendedor para llegar a un arreglo de opción de compra por quinientos dólares. Quinientos dólares era todo el dinero que Barnum tenía en el mundo, pero estaba seguro de haber tomado la decisión correcta. Vendió a su socio la mitad de la tienda de abarrotes para conseguir el dinero, y en pocos días Barnum pasó de empleado de almacén a empresario.

Una cuidadosa planificación, representación y promoción convirtieron a esta mujer de 161 años, de mente y espíritu excepcionales, en una pequeña industria. Entonces ocurrió lo inevitable: Joice Heth fue a encontrarse con su Creador. Fiel a su palabra, Barnum permitió que un famoso cirujano amigo realizara una autopsia. El doctor David L. Rogers hizo descubrimientos que sorprendieron y aterraron a Barnum: Joice Heth no tenía más de ochenta años de edad en el momento de su muerte. El escándalo llegó a los periódicos con el titular: «¡ENGAÑO!».

Barnum quedó devastado. Había hecho su investigación y estaba convencido de que los registros de Heth eran auténticos. El corazón decidido de Barnum comenzó a flaquear. Aunque conocía su destino, temió que esta controversia marcara el final de su carrera.

Lo que realmente sucedió fue asombroso. A medida que las acusaciones volaban y la historia se hacía famosa, germinaba un extraño fenómeno promocional. La sospecha de engaño se volvió parte de la estructura de promoción de la historia de Joice Heth, que en realidad aumentó el valor del espectáculo. Una vez que Barnum reconoció lo que estaba sucediendo, llevó la emoción y el conflicto de la historia de Joice a otros espectáculos que atrajeron enormes multitudes dispuestas a pagar y empeñadas en averiguar la autenticidad de los mismos. Jumbo el elefante, la sirena de Fiji, el gigante de Cardiff, los gemelos siameses originales, y otros más (algunos reales, otros irreales y todos divertidos) nacieron del «engaño» Joice Heth. P. T. Barnum llegó a ser conocido como «el empresario más fabuloso de espectáculos en el mundo» mientras armaba gira tras gira con rarezas de todo el mundo.

En 1881 se unió al director circense James Anthony Bailey con el fin de fundar el famoso Circo Barnum & Bailey y cambiar el entretenimiento para siempre. Mundialmente famoso por eliminar barreras sociales contra el entretenimiento y por usar la curiosidad y la sensación en la promoción, Barnum en realidad fue el artista de espectáculos más grande del mundo. Fue uno de los primeros empresarios estadounidenses en comprender el potencial de hacer dinero de la publicidad.

De esta experiencia de Joice Heth, Barnum aprendió a moverse siempre con un corazón decidido. Aprendió que incluso cuando las cosas parecen no tener esperanza, nuestra fe no tiene que alinearse con la manifestación externa. Es muy probable que Barnum aprendiera a manejar sus emociones con cuidado. La desconfianza, el temor, la vergüenza y la culpa pueden ser armas penetrantes contra un corazón decidido. En el caso de Barnum estas casi lo cegaron a la oportunidad que lo llevó a la creación del circo moderno.

¿Qué tal que él hubiera seguido sus vergonzosas emociones iniciales fuera de la ciudad? ¿Y si hubiera huido asustado a otra profesión? El hombre pudo haber muerto como empleado de una tienda en un pueblito del medio oeste, que no es nada de lo cual avergonzarse, pero sin duda no habría sido la vida emocionante que P. T. Barnum llegó a experimentar.

Vive una existencia de posibilidades ilimitadas

Con corazón decidido aférrate a tu sueño para tu vida, tu familia y tu futuro. No tomes decisiones basándote en hechos o porcentajes, pues siempre te desanimarán. Siento tristeza por las personas que se consideran «realistas». Llevan sus vidas de acuerdo a *lo que es*. Por favor, arroja *lo que es* por la ventana. Olvídate de *lo que es*.

Empecemos a vivir con *¿y si...?* ¿Y si la vida pudiera ser exactamente como decides? ¿Y si tu corazón fuera tan poderoso que creara el tiempo que quieres con tus hijos? ¿Y si pudieras ser papá o mamá de tiempo completo? ¿Y si pudieras tener ahorrado todo el dinero de la educación universitaria de tus hijos antes de que estén estudiando primer curso? ¿Y si pudieras vivir sin pagos por tu casa, con la hipoteca totalmente pagada?

Si pudieras elegir un día perfecto, ¿cómo sería? ¿Qué tan temprano te levantarías? ¿A qué hora te acostarías? ¿A quiénes escogerías para que estuvieran a tu alrededor? ¿Y en qué parte del planeta te gustaría estar?

TODOS MIS PROBLEMAS SE VUELVEN MÁS PEQUEÑOS CUANDO LOS CONFRONTO. SI TOCO UN CARDO CON CUIDADO, ME PINCHARÁ, PERO SI LO AGARRO CON VALENTÍA, SUS ESPINAS SE VOLVERÁN POLVO.

La Decisión Segura nos recuerda: tienes el poder de elegir cómo vivir porque tienes un corazón decidido y tu destino está asegurado. Elige sabiamente, y recuerda que casi todas las personas fracasan debido a un corazón indeciso. Ese no eres tú. Determina que tienes un corazón decidido, y tu éxito dependerá de la fortaleza emocional de ese corazón decidido.

Al enfrentarnos a un reto, un corazón decidido busca una solución; solo el corazón indeciso es el que busca una vía de escape. No puedes darte el lujo de esperar que las condiciones sean exactamente las adecuadas. ¿Por qué no? ¡Porque las condiciones nunca son exactamente las adecuadas!

Tienes visión por un motivo. El sueño para tu vida y tu familia está en tu corazón por una razón. Esa pasión es parte de ti. Por tanto, ¡anda! ¡Avanza! Ya no pidas permiso. ¡Tómalo! ¡En marcha!

Esperar, titubear, dudar o ser indeciso es negar el mundo que tiene que ver con quién eres y en quién te convertirás.

Tienes un corazón decidido, y tu destino está asegurado.

CÓMO DISEÑAR UNA NUEVA IMAGEN CORPORAL

Las cinco creencias que resaltaste antes representan los obstáculos principales hacia tu corazón decidido. Es hora de desmantelar estas creencias negativas y reemplazarlas con otras que sean edificantes.

1. Para cada creencia negativa, determina su polo opuesto. Si tienes creencias negativas que expresen: «Soy demasiado viejo para ser creativo e inventivo», podrías cambiarlo a: «Mi edad me proporciona sabiduría y dones de creatividad e invención».
2. Escribe una creencia nueva y positiva para cada una de las negativas.

Recita estas nuevas declaraciones como afirmaciones positivas durante los próximos treinta días. A través de la repetición continua de tus afirmaciones reprogramarás tu mente subconsciente con tus nuevas creencias (y borrarás las antiguas y conflictivas).

PERFIL DEL VERDADERO VIAJERO: EL GENERAL NORMAN SCHWARZKOPF

Cuando alguien menciona la palabra líderes, es fácil pensar en el general Norman Schwarzkopf. El general Schwarzkopf fue el comandante de las fuerzas aliadas en las operaciones Escudo del Desierto y Tormenta del Desierto, y muy posiblemente el personaje militar estadounidense más popular del siglo pasado. Su fuerte y decisivo liderazgo durante la Guerra del Golfo ayudó a poner fin rápidamente a ese primer conflicto.

Durante mucho tiempo la historia recordará la habilidad con que Schwarzkopf coordinó un esfuerzo de guerra en un país profundamente sospechoso de extranjeros, manteniendo todo el tiempo el secreto tan importante para el éxito de nuestras tropas, tarea que no fue fácil durante la primera guerra televisada de Estados Unidos.

Pareció adecuado que el general Schwarzkopf representara la Decisión Segura. He aquí una correspondencia personal del general.

Querido Andy:

Cuando recibí tu invitación para hablar de una época de desánimo en mi vida, mi preocupación inmediata fue cómo seleccionar una sola. Los años me han presentado una serie de encrucijadas que a menudo me han llevado por un camino diferente al que pude haber elegido.

Por supuesto, se entiende que si este fuera un mundo perfecto yo para nada estaría escribiendo esta carta. Mi infancia habría sido fácil, mi carrera militar sin desvíos, y simplemente no habría ninguna historia que contar. Como sabes, ese no es el caso.

En diciembre de 1972 el ejército estaba considerando a oficiales en el año de mi grupo para una promoción temprana a coronel. Las promociones de rutina se llevaban a cabo en el transcurso de dos años, pero después de haber tanteado a varios generales que deseaban que la función de coronel fuera para mí, pensé que tenía una posibilidad muy buena. Nadie tenía el derecho de esperar una promoción temprana; sin embargo, ser promovido temprano aumentaba la reputación de un funcionario, y en secreto yo esperaba tal promoción.

Cuando entré al instituto de guerra un lunes de enero por la mañana, vi a varios de mis compañeros dándose palmaditas en la espalda. En ese momento supe que mi nombre no estaba en la lista. Comprendí que tendría otra oportunidad en la promoción temprana del invierno siguiente, pero esta fue la primera vez en mi carrera en que yo claramente no estaba al frente del paquete frontal. Los amigos me ofrecieron condolencias, lo que me hizo sentir peor, así como las teorías de por qué se me había pasado por alto. Me hallaba desilusionado, confundido y conmocionado.

El siguiente noviembre el ejército me nominó para servir como ayuda militar del vicepresidente Gerald Ford. Me sentí honrado y emocionado de ser elegido entre todos los tenientes coroneles del ejército. Esta era una labor prestigiosa que me dejaría con relaciones poderosas en caso de que yo decidiera retirarme.

A medida que el proceso de selección avanzaba, mis esperanzas aumentaban. Fui entrevistado por el asistente del vicepresidente para asuntos de seguridad nacional, e incluso me senté con el vicepresidente mismo. Creo que en realidad nos acoplamos bien.

A principios de enero de 1974 sucedieron dos acontecimientos casi de manera simultánea. Primero, el ejército dio a conocer su lista para promoción anticipada a coronel y, para mi sorpresa, no volví a ser seleccionado. Entonces, unos días más tarde me llamaron y me dijeron que no me habían seleccionado para trabajar con Gerald Ford. Además del desaliento que sentí, mi nivel de frustración era muy profundo en todo momento.

En este punto debo hablarte de dos de las lecciones más importantes que aprendí de esos y otros retos que debí enfrentar: (1) no mortificarme con la desilusión... decidir de todos modos hacer lo mejor, y (2) no siempre sabemos qué es lo mejor.

Tiempo después me hallé comandando tropas como coronel en Alaska. Esto me llevó a un comando de tropas en Ft. Lewis, Washington, y a una promoción a brigadier general, seguida por el Comando del Pacífico en Hawái, y luego a una asignación como asistente del comandante de la Octava División de Infantería Mecanizada, parte de la primera línea de defensa de la OTAN en Alemania.

Después de otras varias asignaciones emocionantes a lo largo de los años, incluso tras comandar la Vigesimocuarta División de Infantería Mecanizada y participar en la operación de rescate de estudiantes en Granada, me hice cargo del Comando Central con sede en Tampa, Florida. Mi región de responsabilidad era el Oriente Medio.

Al mirar hacia atrás mi carrera militar, ahora puedo ver que cada lucha que soporté me señalaba hacia mi destino en la Guerra del Golfo. Los retos que enfrentamos en ciertas situaciones a veces tienen un propósito más allá de nuestra comprensión en ese momento. No siempre sabemos qué es lo mejor. Los tiempos difíciles en mi vida a menudo tuvieron que ver con verme en posiciones fuera de mi decisión, pero el resultado final es ahora una cuestión de historia.

Con frecuencia me preguntan si extraño el ejército. Supongo que la respuesta tendría que ser sí, pero lo que más extraño es la camaradería de los que han sufrido gran adversidad. Este es el vínculo que une a todos los que fueron soldados. No es de extrañar que también sea el vínculo que une a las personas de éxito. El éxito sin adversidad no solo es vacío... es imposible.

Sinceramente,

H. Norman Schwarzkopf,
General del ejército de EE.UU.

CINCO

LA DECISIÓN ALEGRE

HOY DECIDIRÉ SER FELIZ.

Nuestras propias vidas son moldeadas por decisiones. Primero tomamos decisiones. Después nuestras decisiones nos forman.

Cuando se entiende por completo la Decisión Alegre, esta se convierte en un poderoso catalizador para el cambio en tu vida. La felicidad es una elección. Esta decisión puede liberar tu espíritu con el gozo infinito disponible en todo momento de cada día.

HOY DECIDIRÉ SER FELIZ.

A partir de este mismo momento soy una persona feliz porque ahora entiendo verdaderamente el concepto de la felicidad. Antes que yo, unos cuantos han podido captar la verdad de la ley física que nos permite vivir felices cada día. Ahora sé que la felicidad no es un fantasma emocional que llega y se va flotando de mi vida. La felicidad es una elección. La felicidad es el resultado final de ciertos pensamientos y actividades, que de hecho provocan una reacción química en mi cuerpo. Esta reacción da lugar a una euforia que, aunque elusiva para algunos, está por completo bajo mi control.

Hoy decidiré ser feliz, saludaré cada día con risa.

A unos momentos de despertar, reiré durante siete segundos. Aun tras un período tan breve, la emoción ha comenzado a circular por mi torrente sanguíneo. Me siento diferente. ¡Soy diferente! Me entusiasma este día. Aguardo alerta sus posibilidades. ¡Soy feliz!

La risa es una expresión externa de entusiasmo y sé que el entusiasmo es el combustible que mueve el mundo. Río a lo largo del día. Río cuando estoy solo y río cuando converso con otros. La gente se siente atraída hacia mí porque tengo risa en mi corazón. El mundo pertenece a los entusiastas, ¡porque la gente los seguirá a cualquier parte!

Hoy decidiré ser feliz. Decidiré sonreír a todos los que conozca.

Mi sonrisa se ha convertido en mi tarjeta de presentación. Después de todo, ella es el arma más poderosa que poseo. Mi sonrisa tiene la fuerza de forjar lazos, romper el hielo y calmar tormentas. Usaré constantemente mi sonrisa. A causa de mi sonrisa, la gente con la que me pongo en contacto día a día decidirá respaldar mis causas y seguir mi liderazgo. Siempre sonreiré primero. Esa particular muestra de buena disposición le dirá a otros lo que espero a cambio.

Mi sonrisa es la clave de mi constitución emocional. Un sabio dijo una vez: «No canto porque soy feliz; soy feliz porque canto». Cuando decido sonreír me convierto en dueño de mis emociones.

El desaliento, la desesperación, la frustración y el miedo siempre se marchitarán cuando mi sonrisa los confronte. El poder de quién soy se muestra cuando sonrío.

Hoy decidiré ser feliz. Soy el poseedor de un espíritu agradecido.

En el pasado, he encontrado desaliento en situaciones particulares hasta que comparé la condición de mi vida con otros menos afortunados. Tal como la fresca brisa limpia el humo del aire, así un espíritu agradecido aparta las nubes de la desesperanza. Es imposible que las semillas de la depresión echen raíces en un corazón agradecido.

Mi Dios me ha concedido muchos dones y por estos recordaré ser agradecido. Demasiadas veces he elevado las oraciones de un mendigo, siempre pidiendo más y olvidando dar gracias. No quiero que me vean como a un niño ambicioso, que no muestra aprecio y es irrespetuoso. Estoy agradecido porque puedo respirar, ver y oír. Si alguna vez en mi vida las bendiciones salen a borbotones más allá de eso, entonces estaré agradecido por el milagro de la abundancia.

Saludaré cada día con risa. Sonreiré a cada persona con la que me encuentro. Soy el poseedor de un espíritu agradecido.

Hoy decidiré ser feliz.

CUIDADO CON EL CONDICIONAMIENTO

La norma estadounidense del ancho de vía férrea (la distancia entre los dos rieles) es exactamente de cuatro pies, ocho pulgadas y media. Una cantidad extraña, pero así es la manera en que las construyen en Inglaterra, y fueron los expatriados ingleses quienes construyeron los ferrocarriles en Estados Unidos.

¿Y por qué los ingleses construyeron sus vías férreas con medidas tan extrañas? Las mismas personas que construyeron los antiguos tranvías construyeron sus vías férreas con un ancho de cuatro pies, ocho pulgadas y media.

¿Y por qué las construyeron así? Los tranvías reutilizaban el mismo calibre, las mismas herramientas y las mismas medidas que se habían usado para construir vagones, los cuales usaban ese mismo espacio de ruedas: cuatro pies, ocho pulgadas y media.

¿Y por qué los vagones tenían esa extraña separación entre ruedas? Si la separación hubiera sido diferente, las ruedas de los vagones se habrían roto en algunas de las antiguas vías de larga distancia en Inglaterra... que por cierto tenían surcos con la misma separación.

¿Y quién construyó las antiguas carreteras con surcos? El imperio romano construyó las primeras carreteras en Inglaterra hace miles de años, y en la actualidad aún se puede caminar por ellas. Los surcos

tienen una separación exacta de cuatro pies, ocho pulgadas y media, porque los carros romanos de guerra hicieron los surcos iniciales. Y cada uno de ellos tenía que corresponder, por temor a destruir las ruedas y los vagones. Ya que los carros estaban hechos por y para el imperio real, todos tenían la misma separación de ruedas.

Por tanto, el ancho de las vías férreas estadounidenses de cuatro pies, ocho pulgadas y media, viene de las especificaciones originales de un carro de guerra del imperio romano.

Este es un ejemplo clásico de condicionamiento: personas que hacen cosas porque así es como siempre se han hecho. Hay hombres de negocios en problemas hoy día, que se dirigen a un despeñadero que no ven, debido a cómo se han acondicionado: tuvieron éxito en hacer las cosas de cierto modo en años pasados. No ven que el mercado ha cambiado o que la manera de hacer las cosas ya no es productiva, o están obsoletas y pasadas de moda. Ellos siguen tomando decisiones basándose en cómo las cosas se han hecho siempre.

Así que la próxima vez que te den algunas instrucciones o alguna idea, y te preguntes: *¿Para qué partes traseras de caballos se creó esto?*, podrías tener toda la razón. Mira, los carros de guerra del imperio romano se hicieron lo suficientemente anchos, cuatro pies, ocho pulgadas y media, ¡para acomodar las partes traseras de dos caballos de guerra!

Ahora he aquí un interesante giro a esta historia: cuando ves un transbordador espacial asentado en la plataforma de lanzamiento en Cabo Cañaveral verás dos enormes cohetes de combustible sólido adheridos a los costados de los tanques principales de combustible. Estos SRB (siglas en inglés) los fabrica una compañía de Utah. Los ingenieros que los diseñaron han preferido hacerlos un poco más anchos, pero a los SRB los tenían que enviar por tren desde la fábrica hasta el lugar de lanzamiento. La línea ferroviaria desde la fábrica debía atravesar un túnel en las montañas, y los SRB tenían que pasar a través de ese túnel. El túnel es ligeramente más ancho que las vías férreas, y la vía férrea de cuatro pies, ocho pulgadas y media, tiene el ancho aproximado de las partes traseras de dos caballos. Por consiguiente, el diseño de la característica principal del que es quizás el sistema de transporte más avanzado del mundo se determinó, literalmente, por el ancho de un trasero de caballo. ¿Te imaginas?

Una feliz decisión

Cuando piensas en la Decisión Alegre, «Hoy decidiré ser feliz», ¿ves por qué es importante entender el condicionamiento? La Decisión Alegre ha sido condicionada por la mayoría de las personas. ¡Casi nadie se da cuenta de que la felicidad es una decisión! La gente hace lo mismo todos los días, solo porque esa es la manera en que siempre lo han hecho. Se despiertan malhumorados, hacen lo menos posible en el trabajo, y se sientan en el tráfico sin una sonrisa en los rostros. La vida los está matando.

La Decisión Alegre es más controversial en apariencia que cualquiera de las otras siete decisiones porque las personas no la entienden. Si estás buscando una clave para aumentar tu cartera financiera, esta es la decisión que te hará ganar más dinero.

Me hallaba en una entrevista radial acerca de *El regalo del viajero*, en la que un presentador muy cínico me hacía preguntas respecto a la Decisión Alegre.

—Acabo de decirle, no estoy muy al tanto de este asunto del crecimiento personal, pero este otro... esto realmente me parece ridículo —comentó.

—Está bien, dígame por qué —contesté riendo.

QUEJARSE ES UNA ACTIVIDAD, ASÍ COMO ESCUCHAR LA RADIO ES UNA ACTIVIDAD. PODEMOS ELEGIR ENCENDER

LA RADIO O NO ENCENDERLA. PODEMOS ELEGIR
QUEJARNOS, O PODEMOS ELEGIR NO QUEJARNOS. YO
DECIDO NO QUEJARME.

—Bueno, entiendo por qué usted querría asumir responsabilidad, y entiendo por qué querría buscar sabiduría y ser una persona
de acción —manifestó el entrevistador—. Entiendo esas decisiones,
pero vamos… en la coyuntura económica en que nuestra nación se
encuentra, con personas sin trabajo, ¿cómo podría afectar la decisión
de ser feliz?

—Usted tiene que estar bromeando —expresé—. Escuche.
Piense en esto: considere que usted es un empleador que tiene al
frente dos candidatos a empleados con el mismo nivel educativo.
Ambos tienen básicamente la misma edad, la misma experiencia, e
incluso se ven y se visten de forma parecida. Uno de ellos se queja y
protesta, y el otro sonríe y es feliz.

Hice una pausa.

—¿A quién va usted a contratar? Bien, al feliz, desde luego, ¡porque esa es la persona que quiere a su alrededor! ¿Quién quiere estar
cerca de un quejumbroso? Y todos los demás individuos son como
usted. También quieren a su alrededor personas felices. Por esto es
que hoy día usted debe decidir ser feliz. ¡Es el inicio de una nueva
vida!

Te insto a que elijas ser feliz. Existen muchas cosas acerca de las
cuales podemos elegir ser felices. La felicidad no es algún fantasma
emocional que flota dentro y fuera de tu vida. Puedes elegir la felicidad todos los días. La risa y el entusiasmo son los combustibles que
mueven el mundo. El mundo pertenece a los entusiastas, y las personas los seguirán a todas partes.

CÓMO DESARROLLAR SUS DETONANTES DE FELICIDAD

Escribe cinco cosas que puedes hacer cada día que te hagan reír y sonreír. ¿Qué se te ocurre? ¿Alguna escena de una película que te haga reír? ¿Hizo tu hijo algo tan inocente y gracioso que produjo una sonrisa en tu rostro? ¿Persigue tu perro su propia cola?

El punto es que hay «detonadores de felicidad» a nuestro alrededor, pero si no los buscamos activamente solo podríamos activarlos de modo accidental en raras ocasiones. Si identificas de manera consciente los detonadores de felicidad en tu vida, puedes tomar la decisión de ser feliz siempre que lo desees.

POSEEDOR DE UN ESPÍRITU AGRADECIDO

Ahora bien, si los últimos párrafos te han irritado... ten calma. *En realidad* no creo que puedas decidir ser feliz, chasquear los dedos, y tener al instante la sensación. Eso es un poco ridículo. Sin embargo, sé que es un hecho que algunas medidas de felicidad serán el resultado de simplemente decidir ser agradecidos.

La felicidad (la verdadera felicidad, por supuesto) viene de muy adentro. Viene de un corazón agradecido. Es imposible ser desagradecidos y felices al mismo tiempo. La depresión, la ira, el resentimiento y otras emociones más bajas podrían surgir, pero un espíritu agradecido nos impide sentir lástima por nosotros mismos; las semillas de la depresión no pueden enraizarse en un corazón agradecido.

De vez en cuando se me acercan personas en algún aeropuerto.

—Le he oído hablar —me dicen—, ¿y sabe qué? Sencillamente no soy una persona feliz.

—Pues bien —suelo responder—, un gran ejercicio para que usted se convierta en una persona feliz es sentarse con una hoja de papel y un bolígrafo, y hacer una lista de las cosas por las que puede estar agradecido.

—Bueno —contestan a veces—, solo que no tengo nada en mi vida por lo cual estar agradecido.

—¿A dónde vuela el día de hoy? —pregunto sonriendo, inclinándome con confianza, y cruzando los brazos.

Me lo dicen.

—¿Sabe? —respondo entonces—. Hay muchas personas que van hacia esa ciudad, pero lo hacen por tierra. Incluso hay algunas que desean llegar a esa ciudad y no pueden hacerlo. Es agradable poder volar, ¿no es cierto?

—Ah, sí, en realidad es muy agradable poder volar —exclaman, impactados por comprender el asunto.

—¿Sabe qué? Usted vive en Estados Unidos de América. ¿No es fabuloso vivir en una nación de la que tantas personas se quejan?

Por lo general fruncen el ceño. Entonces continúo sin esperar respuesta.

—Por mucho que la gente se queje acerca de nuestro país, es bueno vivir en un lugar donde hay libertad de expresión. Y a pesar de lo malo que algunos crean que es, ¿en dónde más le gustaría vivir? Piense en eso: puede agradecer por los impuestos que paga; eso significa que está ganando dinero. Puede estar agradecido por el desorden que debe limpiar después de una fiesta porque esto significa que está rodeado de amigos. Puede estar agradecido por la bonita ropa que está usando. Imagino que hay personas en el mundo que no tienen absolutamente nada que ponerse. Y si la ropa le queda un poco apretada, ¡eso quiere decir que usted tiene suficiente para comer!

> ASÍ COMO UNA BRISA FRESCA LIMPIA EL
> HUMO DEL AIRE, TAMBIÉN UN ESPÍRITU
> AGRADECIDO REMUEVE LA NUBE DE
> DESESPERACIÓN. ES IMPOSIBLE QUE LAS
> SEMILLAS DE LA DEPRESIÓN ECHEN RAÍCES
> EN UN CORAZÓN AGRADECIDO.

Hago una pausa para dejar que la idea se asimile.

—¿Ya almorzó? —pregunto, sonriendo—. ¿Dónde come en este aeropuerto?

Me lo dicen, o expresan:

—Pues la verdad es que aún no he almorzado.

—¿Comió antes de venir aquí? ¿Comió ayer?

—Bueno, sí.

—Vaya. Comió. Muchas personas en el mundo no han tenido ese lujo. ¿No está agradecido por haber tenido algo para comer? Puede estar agradecido por cortar el césped. Puede estar agradecido por las ventanas que necesitan limpieza, los desagües que se tapan, esa cerradura que no ha tenido tiempo de arreglar. Es más, ¡puede estar agradecido por todas las cosas que están mal en su casa! ¿Por qué? ¡Porque tiene una casa! Puede estar agradecido por el lugar dónde estacionar al otro extremo de ese parqueadero, porque eso significa que puede caminar. Y si usted estuviera en una silla de ruedas, ¿no podría estar agradecido por tener una? Puede estar agradecido por una enorme cuenta eléctrica. Hay muchas personas que no pueden calentarse o enfriar el ambiente cuando desean hacerlo. Puede agradecer por sus músculos adoloridos al final del día. Puede trabajar. Además puede estar agradecido por ese estridente despertador que se activa antes del amanecer cada mañana. Si lo puede oír, esto significa que está vivo.

Cuando fui a Ciudad de México para Visión Mundial Internacional, durante un par de días me llevaron a una barriada pobre donde vivía un millón de personas. Yo sabía que había personas pobres en el mundo, ¡pero nunca había visto un millón de ellas en un solo lugar! Vi a mis propios hijos en los ojos de los niños que estaban jugando allí entre vidrios rotos y animales muertos. Fue horrible ver lo que ellos tenían que hacer para conseguir agua y comida.

¿Quieres algo por lo cual estar agradecido? Entra a tu baño, abre el grifo, y observa cómo sale agua limpia. Déjala correr en tus manos. Mientras quieras esa agua limpia, está a tu disposición en tu propio baño, de tu propio grifo. Con esta agua limpia regamos nuestros céspedes y lavamos nuestros autos y perros; sin embargo, hay un millón de personas en Ciudad de México que no tienen agua limpia para beber. El agua es llevada a las colonias o barriadas por medio de tanques, y las personas las cargan en ollas, sartenes y bolsas plásticas.

Deseo instarte a que te condiciones diariamente a encontrar cosas por las cuales estar agradecido. *Conviértete en el poseedor de un espíritu agradecido.*

A partir de este momento harás caso omiso al condicionamiento que ha impregnado tu vida hasta ahora. *Harás caso omiso al condicionamiento que te dice que debes despertar con una mueca en el rostro. Harás caso omiso al condicionamiento que dice que los niños que ríen en un restaurante te ponen nervioso. ¡Estás creando un nuevo condicionamiento!*

Eres poseedor de un espíritu agradecido. Debes agradecer por la risa de los niños, por situaciones que te hacen bregar y que te fortalecen. Debes ser agradecido por la habilidad de encontrar una salida, porque podrás sacar a otros. Eres un líder. Tu condicionamiento a partir de este momento dice: *Hoy decidiré ser feliz.*

CÓMO CULTIVAR UN ESPÍRITU AGRADECIDO

Puedes estar agradecido por todo: por estar vivo, por la capacidad de respirar, por los árboles, el aire, el sol, las estrellas, los servicios sanitarios, la comida abundante, la nación en que naciste, tu familia, tus amigos, tu mascota, la música, el amor, el romance, una gran película, tu libro favorito, las nubes, las montañas, una flor, la risa de un niño, la curiosidad de un cachorro, una nueva idea, el teléfono, la Internet, pinturas, esculturas, juegos, calefacción y aire acondicionado. ¿Captas la idea?

Haz una lista de por lo menos cien cosas por las cuales estás agradecido. ¡Crédito extra por extender tu lista a doscientas!

¿QUIÉN ESTÁ EMPACANDO TU PARACAÍDAS?

Para acondicionarte a ser feliz debes tener un espíritu agradecido. Aprende a expresar agradecimiento. Expresar agradecimiento aumenta nuestra felicidad y nos produce más felicidad.

NO NIEGO LA REALIDAD DE MI MALA SITUACIÓN. NIEGO
SU CARÁCTER DEFINITIVO. ESTO TAMBIÉN PASARÁ.

La mayoría de las personas no recibe ningún tipo de agradecimiento. Hay tantos individuos invisibles que actúan dentro y fuera de nuestras vidas, a los que nunca agradecemos, y que nos proporcionan servicios que damos por sentados. Cuando te detienes y dices. «Hola! Solo quería agradecerte por lo que estás haciendo», ¡la mirada en los rostros de estas personas te hará feliz! Es más fácil ser feliz cuando das felicidad y gratitud a otros.

Charles Plumb era piloto de la Marina de Estados Unidos en Vietnam. En su septuagésima sexta misión de combate su avión fue alcanzado por un misil tierra-aire. El piloto salió expulsado y flotó hasta caer en manos del enemigo. Pasó los seis años siguientes cautivo en una prisión vietnamita. Sobrevivió y ahora dicta conferencias sobre las lecciones que aprendió de esa experiencia. Un día en que él y su esposa estaban sentados en un restaurante se les acercó otro hombre que estaba en otra mesa.

—¡Tú eres Plumb! —exclamó emocionado—. ¡Eres Charles Plumb! Tú volabas aviones de combate en Vietnam desde el portaaviones *Kitty Hawk*. Te derribaron.

El hombre continuó revelando otros detalles de la misión.

—¿Cómo diablos sabes todo eso? —le preguntó Plumb, pues no reconocía al hombre.

—Yo empaqué tu paracaídas —respondió el desconocido—. Yo también estaba en la marina. Trabajé en el *Kitty Hawk*.

Charles Plumb no podía creerlo. Le agradeció al hombre por haber empacado el paracaídas tantos años atrás.

—Vaya —contestó el hombre estrechándole la mano—. Creo que funcionó.

—Por supuesto que sí —le aseguró Charles Plumb—. Si tu paracaídas no hubiera funcionado, yo no estaría aquí hoy.

Plumb no podía dormir esa noche... se la pasó pensando en ese marinero. El expiloto recuerda: «Me preguntaba cómo se habría visto aquel hombre en uniforme de la marina. Gorra blanca, babero en la espalda, pantalones acampanados. Me pregunté cuántas veces pude haberle hecho caso omiso, sin siquiera reconocerlo con un "Buenos días, ¿cómo estás?" ¿Sabes? Yo era un piloto de combate; él solo era un marinero».

Charles Plumb pensó en cuántas horas pasaría este marinero en esa larga mesa de madera en el interior del *Kitty Hawk*, tejiendo con gran cuidado las cuerdas y doblando las sedas de cada paracaídas, teniendo en sus manos el destino de alguien que no conocía.

Hoy día Charles Plumb pregunta con regularidad a las personas: «¿Quién está empacando tu paracaídas?». Todo el mundo confía en alguien para sobrevivir. Hay muchas personas en nuestras vidas que son invisibles para nosotros, pero que mental, emocional, espiritual y físicamente están empacando nuestros paracaídas.

Necesitamos estos paracaídas; ¡necesitamos a esta gente! A veces en medio de nuestros retos es fácil dejar de expresar nuestro agradecimiento a estas personas, y decirles «Hola», «Por favor», o «Gracias». Debido a que estamos tan preocupados no nos felicitamos unos a otros ni preguntamos si algo difícil está ocurriendo en sus vidas. No nos elogiamos unos a otros y casi nunca realizamos actos de bondad.

Cuando te condicionas a tener un espíritu agradecido, es increíble cómo te hallarás expresando gratitud y multiplicando ese sentimiento en tu vida. Detén tu auto al lado del camino cuando los hombres de la basura estén allí, y grítales por la ventanilla: «¡Hola! Quiero decirles cuánto los valoramos muchachos. El otro día pensé: *¿Cómo lucirían nuestras casas después de algunas semanas si estos hombres no aparecieran?* ¡Los apreciamos chicos!».

Te recordarán en gran manera, te lo prometo, porque nadie les agradece. Puedes agradecer a la persona que lee tu medidor de gas o de electricidad y decirle cuánto valoras que atraviesen en medio del calor o el frío para llegar hasta tu casa con el fin de mantenerla fría o caliente. Puedes agradecer al hombre de UPS, a la dama de FedEx, o a quienes trabajan detrás de un escritorio en la oficina postal. Sonríe a las personas detrás de las ventanillas de las líneas aéreas. Dile al chico que recoge los carritos de compra del estacionamiento del supermercado lo mucho que aprecias poder agarrar un carrito adentro, en lugar de tener que cazar uno del estacionamiento.

Quien posee un espíritu agradecido y comparte ese agradecimiento con otros está *condicionado* a ser feliz. ¡Se despierta feliz!

CÓMO CAPTURAR TUS MOMENTOS PARA RECORDAR

A medida que la tecnología avanza, parece que tenemos mayores exigencias en nuestro tiempo. En un esfuerzo por «mantenernos al día», a menudo olvidamos los momentos alegres, divertidos y hasta milagrosos que se desarrollan delante de nuestros propios ojos.

¿Cuáles son algunos de los momentos increíbles para recordar que has tenido durante la semana, el mes o el año pasado? Podría tratarse de un gran acontecimiento como la boda de una hija, o un momento sencillo en que tú y tus seres queridos sonrieron juntos.

Captura diez de estos momentos ahora mismo para que te ayuden a cultivar un espíritu agradecido. (¿Qué tal si haces este ejercicio todas las semanas?)

LA MAGIA DE SONREÍR

Ya mencioné antes que las personas felices ganan más dinero. ¿Cómo es que el hecho de decidir ser feliz puede aumentar realmente tu cartera financiera? ¿Por qué las personas felices ganan más dinero? Me sorprendo cuando oigo a quienes dicen: «Estoy teniendo algunos momentos económicamente difíciles. No nos ocurren cosas buenas.

La gente nunca nos ayuda. Las oportunidades no aparecen en nuestro camino».

Cuando alguien murmura: «Las personas no me ayudan», pienso: *¡Desde luego que no te ayudan! ¡Ni siquiera desean estar cerca de ti! ¡Sonríe! ¡Pon algo de energía en tu voz! Conviértete en alguien con quien los demás deseen estar.*

CUANDO ELIJO SONREÍR, ME CONVIERTO EN AMO DE
MIS EMOCIONES. EL DESÁNIMO, LA DESESPERACIÓN, LA
FRUSTRACIÓN Y EL TEMOR SIEMPRE SE MARCHITARÁN AL
SER CONFRONTADOS POR MI SONRISA.

Creo que las oportunidades vienen de nuestras asociaciones. Piensa en esto: es probable que nuestras oportunidades, nuestro ánimo, nuestra información y nuestro conocimiento provengan de otras personas. Si eso es verdad (y lo es...), entonces *debemos* convertirnos en seres que los demás quieran tener cerca.

Todo el mundo quiere estar cerca de individuos felices, no de llorones, quejumbrosos y gruñones. Las personas felices consiguen más oportunidades porque las oportunidades vienen de personas, y las personas son atraídas por seres felices. Y es obvio que las oportunidades a menudo se transforman en éxito económico.

Si al inicio tienes que fingir una sonrisa, ¡fíngela! Nadie espera que seas feliz en todo momento de cada día. Pero puedes elegir sonreír. Habla un poco más rápido. Muévete. Atraerás personas y oportunidades a tu vida cuando te vuelvas más como alguien que los demás quieran tener a su lado.

Tu sonrisa es tu tarjeta de presentación. Es el arma más poderosa que tienes. Con tu sonrisa puedes forjar vínculos, romper el hielo, y calmar tormentas. Usa constantemente tu sonrisa. El poder de quién eres se revela cuando sonríes.

EL EJERCICIO DE SONREÍR

Las sonrisas son contagiosas. Afectan tu bioquímica. Sonríe durante los próximos sesenta segundos mientras recuerdas tu pasatiempo favorito. ¿Por qué lo disfrutas? ¿Qué beneficios obtienes al aplicar esa pasión? Siente tu sonrisa por todo el cuerpo, incluso en tu respiración. Y si estás teniendo problemas para recordar algo que te haga sonreír, he aquí algunas posibilidades: tu mascota, tu hijo, un atardecer, unas vacaciones, reír con un amigo cercano, tu programa favorito, ¡cualquier cosa que funcione para ti!

¿Cómo te sientes? ¿Te importaría sonreír por más de sesenta segundos? ¡Adelante!

EL SECRETO DEL ÉXITO DURADERO

Estoy a punto de revelar el secreto más grande de la Decisión Alegre. No hablo ni escribo mucho al respecto aunque me han hecho la pregunta muchas veces. A menudo he pensado en lo que diría si alguien me permitiera hablar y dijera: «Tienes un minuto en el escenario. Este es el último minuto que hablarás en toda tu vida. Diles algo que pueda cambiar todo».

Tengo el secreto. ¿Estás listo? Te va a sorprender porque es algo muy sencillo. Puedes aprenderlo en un par de días, y esto cambiará todo.

LAS PERSONAS SON ATRAÍDAS HACIA ALGUIEN CON RISA EN EL CORAZÓN. EL MUNDO PERTENECE A LOS ENTUSIASTAS, ¡PORQUE LAS PERSONAS LOS SEGUIRÁN A CUALQUIER LUGAR!

He aquí el secreto: sonríe mientras hablas. No estoy diciendo: «Sonríe demasiado», ni «Sonríe a todo el que te encuentres». Estoy diciendo: «¡Sonríe mientras hablas!». Muy pocas personas hacen esto. Observa. Incluso cuando dicen un chiste, por lo general no sonríen hasta que llegan al remate. La mayoría cuenta chistes con una expresión seria de ceño fruncido, llega al remate, y luego ríe con todos los demás. En la conversación diaria, la gran mayoría de nosotros hablamos a otros con una expresión seria o insulsa en nuestros rostros.

Aprende a sonreír mientras hablas y tu vida se transformará para siempre. Y si ríes un poco entre dientes mientras estás hablando, aun mejor. ¿Por qué cambiará todo? ¡Las personas no pueden dejar de sonreír a alguien que les sonríe!

Yo hago esto todo el tiempo cuando hablo. Camino por todo el salón mientras hablo y miro a las personas a los ojos, asiento y sonrío. Pronto tengo cincuenta o sesenta personas asintiendo conmigo al unísono, porque cuando asientes y les sonríes, ellos te sonríen y asienten de vuelta.

¿Quieres que las personas se unan al equipo de softbol de la iglesia? ¿Quieres que te compren la casa? ¿Quieres que firmen el acuerdo? ¿Quieres que sean clientes para siempre? ¿Quieres que contribuyan para una causa? *¡Aprende a sonreír mientras hablas!*

Los mismos resultados positivos se reflejarán en tu familia. Tu cónyuge, tus hijos, tus vecinos... todo el mundo reaccionará de modo diferente cuando sonrías mientras hablas.

Durante muchos años hice giras como comediante. No me ilusionaba con que mi material fuera el mejor del mundo, pero tuve mucho éxito en gran parte debido a que sonreía mientras hablaba. Se me conocía por poder relacionarme al instante con la audiencia, y eso se debió a que sonreía mientras hablaba. Yo oía a otros comediantes hablar de cómo tratar con los abucheadores. Nunca traté con abucheadores porque no tenía ninguno, yo era amigo de todos. Las personas tratan con sus amigos y se relacionan con ellos de una manera totalmente distinta. Tú puedes hacer amigos instantáneamente si sonríes mientras hablas.

EJERCICIO PARA SONREÍR MIENTRAS HABLAS

Para hacer este ejercicio debes mirarte en un espejo, así que anda al baño, a la alcoba, o a cualquier lugar privado con un espejo.

En los próximos cinco días, durante cinco minutos diarios practica sonriendo mientras hablas. Gradualmente añade cada uno de los siguientes aspectos:

- Una risita entre dientes, y así una risa más leve saldrá a través de tu voz
- Un levantamiento de cejas y ojos abiertos
- Un ligero asentimiento
- Un ritmo un poco más rápido a tu discurso

Una vez que te sientas cómodo hablando de este modo, empieza a practicarlo casualmente con otras personas. Por supuesto, no tendrás que decirles que estás practicando; solo sonríe, asiente, ríe entre dientes, habla más rápido, y levanta las cejas. Esto cambia el modo en que interactúas con las personas y transforma las oportunidades que atraerás.

GOCÉMONOS CON LO RIDÍCULO

A medida que empiezas a vivir plenamente las siete decisiones y a convertirte en la persona que deseas ser, puedes optar por llevar risa a las vidas de los demás. Puedes convertirte rápidamente en la persona divertida que todos quieren tener cerca. Cuando yo era comediante me tomó tiempo entender de dónde provenía el humor, a fin de que pudiera escribirlo de manera coherente.

El humor se descubre al considerar una serie de preguntas. Tal vez la pregunta más grande que los comediantes usan para descubrir el humor es: «¿Qué es ridículo con relación a esto?». Puedes aplicar esta pregunta a situaciones diarias con tus compañeros, asociados y familiares. Encontrarás la risa con que la mayoría de las personas solo sueñan porque en todas partes hay abundancia de situaciones estúpidas.

Sobre el mostrador había un paquete congelado de pudín Mark & Spencer. Las instrucciones incluían orientación sobre cómo calentarlo en el microondas, en un horno convencional, o en un horno por convección. En grandes letras en el fondo se leía: «Advertencia: el producto estará caliente después de calentarlo».

¿Qué es ridículo en cuanto a esto?

En la presentación de las planchas Rowenta hay un pequeño aviso en la parte inferior derecha: «No planche la ropa sobre el cuerpo». Vaya... eso ahorraría un poco de tiempo.

MI SONRISA SE HA CONVERTIDO EN MI
TARJETA DE PRESENTACIÓN. DESPUÉS DE TODO,
ES EL ARMA MÁS PODEROSA QUE POSEO. MI
SONRISA TIENE LA FUERZA DE FORJAR LAZOS,
ROMPER EL HIELO Y CALMAR TORMENTAS.
USARÉ CONSTANTEMENTE MI SONRISA.

La etiqueta de las pastillas Nytol para dormir dice lo siguiente: «Advertencia: puede causar somnolencia». Resulta que las estoy tomando debido a...

Una secadora de cabello marca Sears: «No usarla mientras duerme». Esteee...

Cenas congeladas Swanson: «Sugerencia número uno para servir: descongelado». Solo se trata de una sugerencia.

Instrucciones en la caja del jabón Dial: «Úsese como jabón regular».

En la caja del postre tiramisú Tesco: «No gire boca abajo el postre». ¿Y sabes dónde está impresa esa instrucción? Así es, en el fondo.

En la mayoría de las marcas de luces navideñas: «Para usar únicamente en interiores y exteriores». ¿En oposición a qué?

Y mi favorito, en un procesador japonés de alimentos que compramos para Navidad, dice: «No se debe utilizar para el otro uso». Por tanto, ¿qué hay de ridículo en cuanto a esto?

Tú puedes crear tu propio espectáculo familiar de comedia. Tan solo observa a tus hijos; observa a tus padres. Recuerda lo que tus padres solían decir y que tú estás diciendo ahora. Te lo digo, muchas cosas serán divertidas.

Tenemos dos chicos en casa, y hemos aprendido que cuando oyes una descarga de agua del inodoro y las palabras «Ah, ah», ya es demasiado tarde. Cuando eran más jóvenes siempre solíamos revisar el horno antes de encenderlo. (A los camiones Tonka no les va bien a 190° C.) También sabemos ahora que una bota de G. I. Joe atravesará de veras el tracto digestivo de un niño de cuatro años de edad. Hay muchas cosas de las que, si tan solo miras a tu alrededor, puedes reír y ser feliz. Como padres, como hijos, y como hijos con padres, ¡hay muchas cosas que todos decimos que son locas y graciosas! Cuando las relatamos y nos reímos de nosotros mismos, la vida es más divertida.

CÓMO LLEVAR UNA VIDA DE PERRO

Antes teníamos una dálmata llamada Lucy. Fue nuestra «perra-hija» por mucho tiempo hasta que tuvimos hijos reales. Lucy era parte de la familia y en especial era importante para mi esposa. Durante años yo veía cómo Polly trataba a la perra, y de vez en cuando eso me irritaba. Un día le dije: «¿Sabes? A veces creo que tratas a ese animal mejor de lo que me tratas a mí».

Pero no podía dejar de notar cómo Lucy actuaba.

Cuando Polly entraba a la casa después de una mañana afuera, a menudo me hallaba hablando por teléfono. Yo solía decir «hola», o si la llamada era importante, decía: «Shhh». Y si me hallaba escribiendo, con frecuencia nos saludábamos desde lados opuestos de la sala.

Lucy, por otra parte, reaccionaba totalmente diferente cuando Polly entraba a la sala. Se levantaba y empezaba a agitar la cola como si dijera: «Hola, ¡es mamá! ¡Te amo!». Entonces se acercaba a Polly y le lamía la cara. «Aaaah, ooh, besos, besos, besos». (¡Hacía esto aunque Polly hubiera estado en la sala cinco minutos antes!)

Se me ocurrió que tal vez si trataba a mi esposa tan bien como la perra la trataba, entonces ella quizás me trataría tan bien como trata a la perra.

¿Cómo tratas a las personas cuando «entran al salón»? ¿Te levantas para salirles al encuentro?

Y ya que estamos hablando de esto, ¿cómo entras *tú* a un salón? ¿Conoces personas que iluminan el salón tan pronto como atraviesan la puerta? Su sola presencia pone una sonrisa en los rostros de los demás. Estas raras almas enfocan su energía y atención en hacer reír y sonreír a otros. Hacen preguntas respecto a personas que conocen y realmente quieren oír las respuestas. Se interesan tanto en otros que lo menos que pueden hacer otros es interesarse en ellas.

La mayoría de las personas tendemos a encerrarnos en nuestros mundos. Estamos tan enfocados en nuestros propios problemas y retos que no «vemos» el alma que se halla al pie de nosotros.

La próxima vez que estés en la fila para pagar en el supermercado local, observa que hay una persona verdadera en el lado de ese mostrador, con sus propios problemas, gustos, desagrados y creencias. Mira a esta persona a los ojos y relaciónate con ella. Sin palabras reconócela como otra alma que anda con nosotros en el planeta. ¿Y si te propusieras lograr que el cajero en la línea o la mesera en el restaurante sonrieran? ¿Cómo es que enfocarte en participar tu alegría con alguien que no conoces podría afectar positivamente tu actitud y tus experiencias de vida? ¡Transforma tu mundo actuando como actúa un perro!

PERFIL DEL VERDADERO VIAJERO: AMY GRANT

La música siempre ha sido parte de esta vida de estrellas musicales multiplatinos y multi-Grammy. Amy Grant fue descubierta como artista mientras trabajaba a medio tiempo barriendo pisos y desmagnetizando cintas en un estudio en Nashville. Su incursión en el mundo de la música ayudó a que la música cristiana contemporánea naciera, una categoría que no existía en esa época.

Más de treinta años y muchos álbumes de oro y platino después, Amy ha participado su música en todo el mundo. Ella es una gran encarnación de la Decisión Alegre.

Querido Andy:

Por allá en la primavera de 1978 publiqué mi primer álbum. Tenía diecisiete años y estaba llena de sueños. Ese verano, después que mi clase se graduara de bachillerato, salí en mi primera gira promocional. Una parada en esa gira fue una tienda de libros y discos en el sur de California. Yo debía firmar autógrafos y cantar durante noventa minutos. Mi madre estaba conmigo y estábamos muy emocionadas. El gerente de la tienda había enviado mil doscientas invitaciones caligrafiadas para la ocasión. Obviamente, todos los involucrados estaban esperando una gran multitud.

Pues bien, la multitud no llegó. Es más, ¡no apareció una sola alma!... Ah, bueno, el gerente de la tienda me oyó cantar durante hora y media. Me oyó cantar solo porque incluso mi madre se fue. (¡No estoy bromeando!) Es probable que este acontecimiento se ubique como el más «peculiar» de mi carrera.

No puedo decir, sin lugar a dudas, que la idea de renunciar no entrara a mi mente ese día, pero me alegro de no haberlo hecho. Esa experiencia (y varias parecidas) me brindaron un profundo aprecio por el apoyo de un tipo de audiencia que de otra manera nunca pude haber ganado. Además, el recuerdo de esa tarde todavía me hace reír por dentro, tal como lo hice la última vez que desde el escenario del Anfiteatro Pacífico en el sur de California miraba a veinte mil rostros sonrientes.

Sé que no hay garantías en la vida. También sé que las cosas buenas rara vez vienen la primera vez. Y por tanto mi consejo sería: sean cuales fueran tus objetivos, ¡no te des por vencido! Más importante que el talento, la fortaleza o el conocimiento es la capacidad de reírte de ti mismo y de disfrutar al ir tras tus sueños.

Sinceramente,

Amy Grant

SEIS

La Decisión Compasiva

SALUDARÉ ESTE DÍA CON UN ESPÍRITU DE PERDÓN.

Perdonar es un secreto que está escondido a plena vista. No cuesta nada y vale millones. Está a disposición de todos, y es usado por muy pocos. Si implementas el poder del perdón, serás muy solicitado y considerado. Y no por casualidad, ¡también podrás ser perdonado por los demás!

La Decisión Compasiva cambia la manera en que la mayoría de las personas ven el perdón. Un espíritu de perdón nos permite dejar atrás el pasado y adoptar un futuro nuevo y convincente. Albergar ira y resentimiento hacia otros (sea que «los merezcan» o no) nos envenena el alma y limita nuestro crecimiento. Cuando adoptas el perdón a través de la Decisión Compasiva, tu nivel de éxito personal se vuelve ilimitado.

SALUDARÉ ESTE DÍA CON UN ESPÍRITU DE PERDÓN.

Durante demasiado tiempo, cada gramo de perdón que poseía fue encerrado bajo llave, escondido de la vista, a la espera de que aplicara su preciosa presencia sobre alguna persona digna. ¡Qué pena!, encontré que la mayoría de la gente era particularmente indigna de mi valioso perdón, y como nunca lo solicitaron, lo conservé para mí. Ahora, el perdón que he guardado ha germinado dentro de mi corazón como una semilla defectuosa que produce una fruta amarga.

¡No más! Desde este momento, mi vida se enfrenta a una nueva esperanza y seguridad. Entre todos los habitantes del mundo, soy uno de los pocos poseedores del secreto para disipar la ira y el resentimiento. Ahora comprendo que el perdón solo tiene valor cuando se regala. A través del simple acto de otorgar perdón, libero los demonios del pasado sobre los que nada puedo hacer, y creo en mí un nuevo corazón, un nuevo comienzo.

Saludaré este día con un espíritu de perdón. Perdonaré aun a aquellos que no han pedido perdón.

Muchas son las ocasiones cuando he ardido en ira por una palabra o acción lanzadas a mi vida por una persona desconsiderada o indiferente. He desperdiciado valiosas horas pensando en una venganza o una confrontación. Ahora veo revelada la verdad sobre esta piedra sicológica metida en mi zapato. ¡La ira que alimento es con frecuencia unilateral, pues quien me ofende rara vez presta atención a su ofensa!

Ahora y siempre ofreceré silenciosamente mi perdón aun a aquellos que no lo buscan o que no ven que lo necesitan. Por el simple hecho de perdonar, ya no siguen consumiéndome los pensamientos improductivos. Renuncio a mi amargura. Estoy contento en mi alma y soy de nuevo eficaz con mis semejantes.

Saludaré este día con un espíritu de perdón. Perdonaré a aquellos que me critican injustamente.

Con el conocimiento de que toda forma de esclavitud es mala, también sé que el individuo que vive una vida de acuerdo con la opinión de otros es un esclavo. Yo no soy un esclavo. He elegido mi propio consejo. Sé la diferencia entre el bien y el mal. Sé lo que es mejor para el futuro de mi familia, y ni la opinión errada ni la crítica injusta alterarán mi curso.

Aquellos que critican mis metas y mis sueños simplemente no entienden el propósito más elevado a que he sido llamado. Por lo tanto, su menosprecio no afecta mi actitud o acciones. Perdono su falta de visión y continúo hacia delante. Ahora sé que la crítica es parte del precio que se paga por salir de la mediocridad.

Saludaré este día con un espíritu de perdón. Me perdonaré a mí mismo.

Durante muchos años he sido mi peor enemigo. Cada error, cada cálculo equivocado, cada traspié que he dado han resonado una y otra vez en mi mente. Cada promesa rota, cada día desperdiciado, cada meta no alcanzada han agravado el disgusto que siento por la falta de logros en mi vida. Mi desaliento ha desarrollado una fuerza paralizante.

Cuando me desilusiono, respondo con inacción y entonces me siento más desilusionado.

Hoy me doy cuenta de que es imposible luchar con un enemigo que vive en mi cabeza. Al perdonarme a mí mismo, elimino las dudas, los temores y la frustración que han mantenido mi pasado en el presente. Desde este día en adelante, mi historia dejará de controlar mi destino. Me he perdonado a mí mismo. Mi vida acaba de comenzar.

Perdonaré aun a aquellos que no piden perdón. Perdonaré a los que me critican injustamente. Me perdonaré a mí mismo.

Saludaré este día con un espíritu de perdón.

El mito del control de la ira

La sabiduría tradicional nos dice que la manera más eficaz de tratar con la furia o el resentimiento es un curso sobre control de la ira. Hay profesionales de la salud mental que se ocupan exclusivamente del control de la ira. Hay anuncios periodísticos de cursos sobre control de la ira en tu universidad local. Esto es parte de nuestra conciencia cultural: un atleta comete algún disparate, y el equipo lo envía a control de la ira.

En un acto de pura rabia ante una jugada arruinada en el 2006, el defensa de línea Albert Haynesworth, del equipo de fútbol americano los Titanes de Tennessee pisoteó la cabeza sin casco de un defensa de línea de los Vaqueros de Dallas después de concluido el partido. Su arrebato requirió docenas de puntos de sutura y cirugía reconstructiva en el rostro del defensa de línea. Albert humilló a su equipo, la NFL lo castigó con cinco partidos de suspensión y lo animó a tomar un curso sobre control de la ira.

Se conocen casos de celebridades en tribunales, en que parte de la sentencia es un curso sobre control de la ira. Los ejecutivos de las empresas Fortune 500 a menudo inscriben a miembros del personal en cursos sobre control de la ira. Jack Nicholson y Adam Sandler coprotagonizaron una película titulada *Locos de ira.*

Esta sabiduría tradicional es terriblemente deficiente. Piensa en el término *control dc la ira:* ¿por qué querrías controlar algo como la ira? Olvídate de controlar la ira; deshazte de ella. La *resolución* de la ira se puede lograr utilizando la Decisión Compasiva: «Saludaré este día con un espíritu de perdón». Y sí, amigo mío, incluso antes de que puedas preguntarlo, ¡el asunto es así de sencillo!

CURSO SOBRE LA SOLUCIÓN DEFINITIVA DE LA IRA

Perdonar es la solución definitiva a la ira. Durante años creí que el perdón era algo para acumular, algo que se debía repartir caso por caso, determinado por si alguien lo merecía. Era como el título de caballero, otorgado al individuo que se arrastraba en mi presencia, llorando y suplicándomelo. Si lo consideraba digno, pondría mi espada en su hombro. «Estás perdonado. Ahora apártate de mí».

Naturalmente, parte de mí se nutría de esa ira, y guardé rencores por mucho tiempo. Sin embargo, a medida que se acumulan los rencores, estos pueden llegar a sobrecargarnos. Finalmente estamos tan empantanados que a menudo no recordamos a quién debemos perdonar, o los detalles del suceso original. Llegamos a preocuparnos por otras personas, y nuestras vidas se convierten en un desastre catastrófico. Al perdonar completamos el curso definitivo de control de la ira.

PERDONAR ES LA SOLUCIÓN DEFINITIVA A LA IRA.

No pude hallar una regla en ninguno de los libros que he leído (incluso la Biblia), que dijera que para que yo perdone a alguien, la persona que cometió la ofensa debía pedir perdón o merecerlo. Tampoco pude encontrar algo que dijera: «Bueno, puedes perdonar a un individuo mientras este no haya estado cometiendo la misma insensatez una y otra vez durante veinte años».

Todo lo que leía y sentía dentro de mi alma expresaba: «Perdona. Libéralo». Ahora veo que al perdonar me estoy ofreciendo el regalo definitivo, porque el perdón me afecta mucho más de lo que afecta al otro. Ni siquiera es obligatorio que la persona a la que estoy perdonando esté consciente de ello. A menudo perdonar significa más para quien perdona que para la persona a quien se perdona.

Cuando a veces hablo de esto, algunos dicen: «Por tanto... ¿se estarán saliendo con la suya? ¿Se supone que simplemente perdone y olvide?».

No. No estoy sugiriendo eso en absoluto. Perdonar tiene que ver con *contigo*. Confiar tiene que ver con *ellos*. Perdonar tiene que ver con el pasado; confiar tiene que ver con el futuro. ¿Perdonamos a alguien que nos roba? Sí. ¿Seguimos haciendo negocios con esa persona? No.

Perdonar es una decisión, no una emoción. Si la enfocamos a través de nuestras emociones, es inevitable que estas nos lleven hacia otro lado. Pero si observas, las emociones siguen a las decisiones. Cuando decidimos perdonar, nuestras emociones surgen.

EL REGALO DEL PERDÓN

¿Cuántas veces has estado tratando de dormir en la noche, y de pronto tu pacífico trance se interrumpe y los ojos se te abren de repente? Recuerdas lo que ese tipo en el trabajo te dijo o te hizo, ¡y no puedes creerlo! Repasas una y otra vez lo que sucedió, pensando en lo que debiste haber dicho de modo distinto o en lo que dirías mañana si tuvieras la oportunidad. Además piensas en golpearlo. (Así es, señoras. Los hombres de cuarenta y cincuenta años de edad aún piensan como niños en el cajón de arena.) Te encuentras consumido en medio de la noche, despierto, pensando en esta persona.

O quizás te encuentras conduciendo, todo está saliendo bien. Estás cómodo, teniendo una gran conversación con tu familia, cuando recuerdas algo.

—¿Qué pasa? —pregunta tu esposa.

—¿Qué quieres decir con qué pasa? —respondes.

—Bueno, simplemente dejaste de hablar. Y no has dicho nada durante cinco minutos.

Te das cuenta de que estabas pensando en ese tipo, en lo que dijo, y en lo que te gustaría haber dicho.

PERDONAR TIENE QUE VER CONTIGO. CONFIAR TIENE QUE VER CON ELLOS. PERDONAR TIENE QUE VER CON EL PASADO; CONFIAR TIENE QUE VER CON EL FUTURO.

He aquí lo insensato: 99% de las veces los individuos con quienes estamos tan irritados y contrariados, estos payasos que nos han ofendido de manera tan profunda, están durmiendo pacíficamente en sus camas o viviendo a plenitud, ¡sin el menor indicio de que hayamos estado pensando en ellos! Para empezar, a menudo no están conscientes de que hayan hecho algo que nos ofende.

Por tanto, si no van a pedir perdón, si no importa si lo piden o no, si no importa si lo merecen o no, si no importa cuántas veces han cometido la ofensa, y si ni siquiera han estado pensando en el asunto, pero eso nos está arruinando la vida... ¿por qué deberíamos perdonarlos?

Porque tal asunto está arruinando nuestra vida, ¡no la de ellos! Confía en mí en cuanto a esto. No puedes convertirte en el padre, el cónyuge o el amigo que podrías llegar a ser mientras estés consumido por una actitud implacable.

El perdón es un regalo que te das. ¡Recíbelo ahora!

LA DESCARGA DEL RESENTIMIENTO

¿Has estado albergando resentimiento hacia alguien? Remóntate a cuando eras niño y revisa tus resentimientos: ¿quiénes son las personas que te han apresado por medio de tu resentimiento hacia ellas?

Ahora cierra los ojos y sé libre de tus resentimientos hacia cada individuo. Perdónalos. Recuerda, tus resentimiento solo te perjudican a ti mismo. Perdonar a aquellos hacia quienes tienes ira, resentimiento u odio libera tu espíritu; la vida se vuelve infinitamente más pacífica. A fin de completar con éxito este ejercicio, no hagas ninguna excepción, perdona a cada persona sin condición (en especial a quienes en realidad no quieres perdonar).

A partir de hoy comprométete a aprovechar de manera incondicional la Decisión Compasiva. Por lo general evitamos el perdón incondicional debido al pago secreto que nuestros egos obtienen cuando albergan emociones como ira y resentimiento. Renuncia al pago de esas emociones «menores», ¡y adopta una nueva vida llena de libertad y gozo infinitos!

EL MILAGRO DEL PERDÓN

¿Te resultan conocidos los nombres Jo Berry o Patrick Magee? Tal vez no. ¿Recuerdas tal vez el atentado de la bomba de Brighton en 1984? El ejército republicano irlandés bombardeó el Grand Hotel en Brighton, Inglaterra, en un intento de asesinar a la primera ministra Margaret Thatcher y todo su gabinete durante una conferencia del partido conservador.

Cinco personas murieron en esta enorme explosión, entre ellas un caballero con el nombre de sir Anthony Berry, quien dejó seis hijos, incluso su hija, Jo Berry. Patrick Magee fue acusado de colocar y detonar el artefacto del IRA, y el juez Boreham le dio ocho sentencias perpetuas.

¿Cómo una hija que perdió a su padre bajo tan devastadoras circunstancias abordó la dolorosa ira que creció dentro de ella? Jo llegó a comprender que debía «tratar de entender, no de condenar». Como ella lo explica, «estoy comenzando a darme cuenta de que no importa en qué parte del conflicto te encuentres, de haber vivido las vidas de los demás, todos habríamos hecho lo que ellos hicieron».

A través de la empatía surge la compasión; con compasión somos menos propensos a juzgar a otros. Sin embargo, ¿cómo aprender a sentir empatía frente a la oleada de ira y dolor?

Así lo explica Jo: «Se requiere un *cambio interior* para escuchar la historia del enemigo. Para mí, el asunto es siempre si puedo renunciar a mi necesidad de culpar y luego abrir mi corazón lo suficiente como para oír la historia de Pat y entender sus motivaciones. La verdad es que a veces puedo y a veces no puedo hacerlo. Se trata de un trayecto y de una decisión, lo que significa que no todo está ordenado y guardado en una caja».

Es difícil imaginar lo que esto debió haber sido para Jo Berry. Su padre fue asesinado innecesariamente por este acto de violencia, pero de alguna manera ella se aferró a la esperanza de que algo positivo podría brillar a través de este acontecimiento traumático. Jo fue a Irlanda y escuchó las historias de personas valientes que estaban atrapadas en la telaraña de la violencia.

En el 2000, Jo decidió que quería tener una reunión cara a cara con el individuo que le quitara la vida al padre de ella; quería ver a Pat como verdadero ser humano y no como el enemigo. Jo recuerda: «En nuestra primera reunión me hallaba aterrada, pero quise reconocer el valor que él había necesitado para reunirse conmigo. Hablamos con extraordinaria intensidad. Hablé mucho de mi padre, mientras Pat me contó un poco de su historia».

Durante más de dos años Jo y Pat llegaron a conocerse. Parece que cada uno de ellos está en buen camino hacia la recuperación de su humanidad a través del perdón. Algunos podrían sostener que una relación afectuosa entre estas dos personas bajo esta difícil circunstancia es poco menos que un milagro. A través del poder de un espíritu de perdón, lo milagroso es posible.*

PERDÓN ESPERANZADOR

De vez en cuando te encuentras en el otro lado de la moneda: alguien está enojado contigo. Algo que dijiste o hiciste ofendió a otra persona. Ahora esta persona tiene la oportunidad de perdonarte. Al suponer que ella está consciente de la Decisión Compasiva, como lo estás tú, debes darle la oportunidad de tratar con su ira. Puede ser todo un reto pedir humildemente perdón a alguien. Pero funciona.

Pedir perdón es una experiencia increíble que solo personas realmente extraordinarias buscan. Es mucho más fácil dejar las cosas simplemente como están, en especial si en el asunto participa alguien

---

* Andy entrevista a Jo Berry y a Patrick Magee juntos. Puedes ver el video en AndyAndrews.com.

con quien no piensas volver a encontrarte, o alguien que al parecer no te importa mucho. Pero importa si él o ella son seres humanos, personas que están contigo en este planeta. Se necesita valor para acercarse a alguien y decirle: «Hola, necesito hablar contigo. Te debo una disculpa, y quiero pedirte perdón». A menudo tu humildad creará un vínculo o forjará una nueva amistad que te beneficiará en alguna manera. Esta acción casi siempre disipa y resuelve la ira.

Mientras yo trabajaba con Bob Hope, él fue muy gentil conmigo. Este fue un gran hombre.

Una noche me hallaba en un programa de televisión.

—¿Cómo es trabajar con Bob Hope? —me preguntó el presentador.

—Ah, él es fabuloso —contesté—. Es muy divertido y, a pesar de lo viejo que es, asombra lo fuerte que sigue siendo. Es increíble. Me gusta de veras.

Me enteré un par de días después que el señor Hope no estaba muy contento con mi comentario acerca de su edad. Bueno, pude haber desestimado el asunto, diciendo: «Mira, vaca sagrada. ¿Sabes? Si él no está consciente de que es un viejo...». No obstante, he aquí un hombre que ha sido muy amable conmigo. Valoro su amistad. No podía quitarme de la mente que lo había ofendido. Lo que yo había hecho no fue malicioso ni con intención de hacer daño, pero dije algo que hirió sus sentimientos. En ese momento, sus sentimientos eran mucho más importantes que los míos. Seguí pensando al respecto.

—Bueno, si te preocupa tanto el asunto —me dijo mi esposa—, simplemente deberías llamarlo.

Pensé: *No voy a llamar a Bob Hope a su casa.*

—Tienes que llamarlo —repitió ella.

A MENUDO TU HUMILDAD CREARÁ UN VÍNCULO
O FORJARÁ UNA NUEVA AMISTAD QUE TE

BENEFICIARÁ DE ALGUNA MANERA. ESTA ACCIÓN
CASI SIEMPRE DISIPA Y RESUELVE LA IRA.

Así que lo hice. Llamé al señor Hope. El teléfono sonó, y la
señora Hope contestó.

—Hola, señora Hope. Soy Andy Andrews. ¿Cómo le va?

Hablamos durante algunos minutos.

—¿Está su esposo en casa? —pregunté.

Él estaba allí.

—Hola, señor Hope —saludé cuando él contestó el teléfono—.
Soy Andy. ¿Le estoy llamando en un buen momento?

—Sí.

—Muy bien. Este... —titubeé, y seguí adelante—. ¿Sabe? Yo
estaba la otra noche en un programa de televisión, y no sé si esto es
exacto o no, pero alguien me dijo que usted estaba disgustado conmigo por algo que dije en el programa respecto a su edad.

—Así es —asintió él.

Se me vino el mundo abajo. Era cierto.

—Señor Hope —comenté—. Me disculpo profundamente. Lo
siento mucho. No quise decir eso de manera maliciosa, pero puedo
entender que usted no habría querido que yo lo dijera, y estoy muy
apenado por lo que hice. Tendré cuidado en el futuro. No sé qué más
hacer que pedirle perdón. En realidad valoro su amistad y nuestra
relación. ¿Podría por favor perdonarme por haber hecho eso?

Todo el asunto acabó por ablandarse.

—Por supuesto, Andy —expresó él—. No te preocupes por eso.
Amigo, si alguien entiende de algo dicho en televisión de lo que
deseas retractarte, ese soy yo, así que ni siquiera te preocupes al respecto. Todo está perdonado.

Bob fue absolutamente fantástico acerca del asunto. Esa fue una
de las cosas más difíciles que alguna vez he hecho. Y ahora, ya que él

se ha ido, estoy tan agradecido de que yo no solo me disculpara o dijera: «Lo siento». Más bien, específicamente le pedí perdón. Y él me lo concedió. Nunca me he vuelto a sentir mal por eso. Cada vez que pienso en el señor Hope tengo buenos recuerdos, y no hay nada molesto ni fastidioso allí. Ese es el poder del perdón. Se trata de solución, no de control sobre la ira. Borra el enojo, lo desvanece por completo.

UN PODEROSO ACTO DE PERDÓN

¿Recuerdas la increíble historia de Joshua Chamberlain en el capítulo 3? Mientras investigaba a Abraham Lincoln para *El regalo del viajero*, descubrí una emocionante relación entre Lincoln y Chamberlain. Cuando Lincoln regresó a Washington después de declarar el discurso de Gettysburg, comenzó a seguir la carrera de Joshua Chamberlain. Tras la increíble y poco probable victoria a principios de la guerra, Chamberlain realmente dirigió campañas acertadas hasta el final de la guerra y fue condecorado por el gobierno en cuatro ocasiones distintas debido a su valor en acción. Fue ascendido a general de brigada por su heroísmo en Petersburg, y unos meses más tarde fue condecorado por heroísmo en Five Forks y ascendido a general de división. Al final de la guerra, el presidente Lincoln eligió a Joshua Chamberlain por sobre todos los oficiales de la Unión para que tuviera el honor de aceptar la rendición confederada en Appomattox.

> POR EL SIMPLE HECHO DE CONCEDER PERDÓN
> LIBERO LOS DEMONIOS DEL PASADO RESPECTO A
> LO QUE PUEDO HACER, Y CREO EN MÍ UN NUEVO
> CORAZÓN, UN NUEVO COMIENZO.

Allí Chamberlain sorprendió al mundo con una demostración de perdón y respeto: ordenó a sus tropas a dar deferencia y saludar al general Robert El Lee y al derrotado Sur. Con ese intrépido golpe, desde luego planeado tras bastidores por Lincoln, el presidente de los Estados una vez más Unidos de América comenzó la sanidad de una nación y su pueblo.

SANIDAD DE UN CORAZÓN HERIDO

Con un bolígrafo y el diario en la mano, contesta las siguientes preguntas y apunta los nombres que te vengan a la mente durante este ejercicio. Cuando hayas terminado, revisa cada nombre. Pregúntate: «¿Es esta una persona a quien debo perdonar, o es alguien a quien debo pedir perdón?».

Observa la calidad de estas preguntas. Demasiadas personas hacen preguntas poco constructivas, tales como: «¿Qué pasa? ¿Por qué me está sucediendo esto?». Recuerda que la calidad de tus respuestas la determina la calidad de tus preguntas. Haz preguntas de calidad, preguntas que hagan pensar, y obtendrás respuestas de calidad.

He aquí una lista de preguntas que te podrías hacer:

- ¿Qué decisión tomarías si tuvieras la seguridad de no fracasar?
- ¿Qué debo eliminar de mi vida que me impide alcanzar todo mi potencial?
- ¿Estoy en la senda hacia algo definitivamente fantástico o hacia algo absolutamente corriente?
- ¿Estoy huyendo de algo?
- ¿Cómo puedo usar mejor mi tiempo?

- ¿Qué cosa imposible estoy creyendo y planificando?
- ¿Cuál es mi pensamiento más predominante?
- ¿Qué cosa buena que me he comprometido a hacer no la he concluido?
- De las personas que más respeto, ¿qué tienen para que se ganen mi admiración?
- ¿Qué haría una persona verdaderamente creativa en mi situación?
- ¿Qué influencias externas me están haciendo ser mejor? ¿Peor?
- ¿Qué dones, talentos o fortalezas tengo?
- Sé que ahora mismo no tengo la respuesta, pero si la tuviera, ¿qué diría?
- ¿Qué puedo hacer por alguien que no tiene posibilidad de devolverme el favor?
- ¿A quién debo perdonar?
- ¿A quién debo pedir perdón?

EL VENENO DE LA FALTA DE PERDÓN

En su obra clásica *Un enemigo llamado promedio*, John Mason escribió: «Al enfrentarte con la decisión de perdonar y olvidar, nunca presentes la excusa: "¡Pero nadie sabe lo que esa persona me hizo!"». Luego añadió: «Eso podría ser cierto, pero la pregunta es: ¿sabes lo que la falta de perdón hará en ti?».

¿Qué nos hace la falta de perdón? ¿Has experimentado alguna vez la ilusión mental de que la vida te tiene acorralado? ¿Te has sentido alguna vez encajonado, desanimado, o controlado por circunstancias externas? Cuando he sentido eso en mi propia vida, con los años he concluido que por lo general hay alguien a quien no he perdonado o alguien a quien no he pedido perdón. El nombre de la persona se me queda grabado en lo profundo de la mente, como si de modo subconsciente me tocara el hombro, desviando mi atención de donde debería estar.

Un indio anciano le cuenta a su nieto una historia sobre una batalla interior entre dos lobos. Un lobo era malo y lleno de ira, envidia, tristeza, pesar, avaricia, arrogancia, autocompasión, culpa, resentimiento, inferioridad, mentiras, falso orgullo y amor propio. Y el otro lobo era bueno y lleno de perdón.

A FIN DE TENER ÉXITO EN TODOS LOS ASPECTOS
DE MI VIDA DEBO CONTROLAR MIS IMPULSOS... MIS
PENSAMIENTOS. ES IMPOSIBLE PELEAR CON UN ENEMIGO
QUE TIENE UNA FORTALEZA EN MI CABEZA.

—¿Cuál de los dos lobos gana? —pregunta el nieto al abuelo.

—Aquel que yo alimente —contesta con naturalidad el hombre.

Lo más probable es que mientras lees estas palabras haya una pelea dentro de ti entre esos mismos dos lobos. La lucha se te está revelando como el nombre de alguien o como una imagen visual de ese rostro. Puedes matar al lobo que contiene toda esa ira, tristeza, pesar y resentimiento si recibes con los brazos abiertos al lobo bueno y decides perdonar.

Hay una persona a quien debes perdonar, pues si no lo haces, tu eficacia como esposo, esposa, padre, madre, amigo o líder sufrirá. La clave para convertir tus sueños en realidad es perdonar, y específicamente a esta persona. Esta persona, amigo mío, eres tú mismo.

Hemos acumulado mucho peso en nuestros hombros. Hay muchas cosas que tuvimos la intención de hacer y no llevamos a cabo, tantas promesas que hicimos pero no cumplimos, y tantas metas que nos pusimos y que no logramos. Con el tiempo se han acumulado sobre nosotros, y el peso puede ser abrumador. ¡Tienes que perdonarte!

DE HOY EN ADELANTE, MI HISTORIA DEJARÁ DE CONTROLAR MI DESTINO. ME HE PERDONADO. MI VIDA ACABA DE COMENZAR.

Una vez me rompí la rótula. Fue el peor dolor físico que jamás había experimentado... hasta que me dio una infección de oído que me hizo terminar en el hospital. Más tarde me pregunté por qué el dolor de oído fue al parecer mucho más fuerte que el de rodilla. Desde luego, la respuesta fue que *mentalmente* yo podía amputarme la rodilla. Podía sacar de mi mente el dolor en la pierna. Sin embargo, ¿el oído? ¡Estaba en mi mente! Simplemente no podía alejarlo de mí.

Lo mismo puede decirse de un espíritu que no perdona. No puedes alejarte de él. Es imposible pelear contra un enemigo que ha hecho una fortaleza en tu cabeza. La única solución posible es destruir la fortaleza. Perdónate. Ahora mismo.

PERDÓNATE

Tendemos a ser nuestros peores críticos, y el juicio es un arma de doble filo. A fin de ser libre para empezar a perdonar a los demás, primero debes perdonarte.

Con el uso de taquigrafía o «palabras personales en clave», enumera las cosas por las que debes perdonarte ahora mismo.

Un nuevo comienzo

Ahora tenemos la oportunidad de empezar de nuevo, de despojarnos del peso de la culpa que yace sobre nuestros hombros. Mes tras mes, año tras año, hemos agregado a la carga, y está a punto de aplastarnos. Todo lo que dijimos que haríamos pero no realizamos, las promesas que hicimos y no cumplimos, lo que no debimos haber hecho pero que de todos modos hicimos, todas esas cosas se han acumulado, y simplemente es demasiado para que una sola persona lo pueda aguantar. La culpa se ha convertido en resentimiento, el resentimiento se ha convertido en ira, y la ira, en sus varias formas, está debilitando nuestras vidas.

Para muchos, nuestros enemigos más grandes hemos sido nosotros mismos. Cada equivocación, cada desacierto, cada tropiezo que tenemos se repasa en nuestras mentes. Toda promesa incumplida, todo día desperdiciado, toda meta no alcanzada han dado energía a la indignación que sentimos por nuestra situación difícil. Esta preocupación se convierte en una garra que paraliza. Cuando nos desilusionamos de nosotros mismos, esto pone en acción un ciclo continuo de desilusión. Es cierto. Es imposible pelear contra un enemigo que vive en nuestras cabezas.

Perdónate. Comienza de nuevo. ¡El simple acto de perdonarte cambiará tu vida! Te habrás posicionado para convertirte en la persona que quieres ser cuando finalmente te deshagas del peso de la culpa y la vergüenza que has estado acumulando durante años. Perdónate. Tu familia no está enojada contigo. Tus amigos no están enojados contigo. Yo no estoy enojado contigo. Dios no está enojado contigo. *Tú* tampoco debes estar enojado contigo. Deja ir al enojo. Perdónate y empieza de nuevo.

A partir de hoy, tu historia debe dejar de controlar tu destino. ¡Tu vida acaba de comenzar! Tu perdón es valioso únicamente cuando lo das. Mediante el simple acto de perdonar puedes liberarte de los demonios de tu pasado y crear un nuevo comienzo para ti.

Perdona a quien no pide perdón. Perdónate. A partir de ahora, tu acción de perdonar te liberará de pensamientos improductivos. Tu amargura, resentimiento e ira desaparecerán. Es hora de volver a comenzar.

«Saludaré cada día con un espíritu de perdón».

CARTA DE RECONOCIMIENTO

El propósito de esta carta es que te valores y te liberes de cualquier cosa que hayas albergado contra ti. Comprométete a liberar algo a lo que ya no tienes que seguir aferrándote. Por ejemplo:

Apreciado [pon tu nombre]:

Te he extrañado. Ha pasado demasiado tiempo desde que vi a la persona divertida y feliz que sé que eres. Por eso quiero pedirte perdón con relación a algo. Lo recordarás, ocurrió hace cinco años... [describe el acontecimiento]

Para terminar, quiero reconocer que eres una de las personas más especiales en el mundo. Estas son virtudes que aprecio de ti... [enuméralas]

Gracias por los momentos mágicos que creas para tantas personas. Las ondas que produces por la manera en que vives alcanzan incluso a muchos más de los que alguna vez podrías imaginar...

Con amor,

[tu nombre]

Ahora es tu turno. Redacta una carta de reconoci-
miento y perdón para ti.

PERFIL DEL VERDADERO VIAJERO: NORMAN VINCENT PEALE

El doctor Norman Vincent Peale fue ministro y autor de cuarenta
y seis libros, que se han traducido a cuarenta idiomas, entre ellos
el clásico perenne de inspiración *El poder del pensamiento positivo*.
Junto con su esposa Ruth Stafford Peale empezó una revista llamada
Guideposts, disfrutada por más de quince millones de lectores cada
mes. Más de treinta y un millones de ejemplares de sus folletos de
inspiración se han distribuido con los años. Además, mantuvo un
programa completo de conferencias hasta su muerte en 1993. Peale
recibió veintidós grados honorarios doctorales y fue uno de los pocos
ciudadanos privados en la historia en ser honrados en una ceremonia
de la Casa Blanca cuando el presidente Reagan le hizo entrega de la
Medalla Presidencial de la Libertad.

Norman Vincent Peale aseveró: «Cuando Dios quiere enviarte
un regalo, lo envuelve en un problema, y mientras más grande el
regalo que Dios te envía, más grande el problema». Es fácil suponer
que el hombre que escribió *El poder del pensamiento positivo* no tuvo
que preocuparse por el pensamiento positivo. Suponemos que para
el autor de un libro que ha vendido treinta millones de ejemplares
hasta la fecha las cosas le han salido fáciles, ¿verdad?

He aquí, entonces, la gran carta que recibí de un hombre cuya
misma vida encarnó la Decisión Compasiva. Es una historia que te
sorprenderá, y que estoy seguro de que muy pocos han oído.

Querido Andy:

Sufrí rechazo cuando escribí un libro titulado *El poder del pensamiento positivo*. En realidad quise llamarlo El poder de la fe, pero mi editor insistentemente exigió que cambiara el título a una frase... [del] libro: «El poder del pensamiento positivo».

Para mi sorpresa, el libro pronto estuvo en las listas de más vendidos; es más, estuvo en la lista de más vendidos del *New York Times* durante 186 semanas, que en ese tiempo era un récord. Esto dio como resultado las críticas más vehementes que he recibido. Yo consideraba que el libro era una obra fundamentalmente cristiana, pero algunos ministros me fustigaron como ultraconservador, como herramienta de los intereses capitalistas, y decían que yo estaba convirtiendo al cristianismo en una manera de enriquecerme. Un obispo, hombre erudito y talentoso, por lo general desapasionado y objetivo, se volvió muy intemperante en sus ataques contra el libro y contra mí personalmente. Muchos ministros incluso predicaron contra algo terrible etiquetado «pealismo». Y un distinguido predicador llamó a mi obra una perversión de la religión cristiana. Este revuelo se volvió tan violento que en realidad presenté mi renuncia al ministerio, aunque mi iglesia me apoyó valientemente. Tomé un tren al interior del país para ver a mi padre anciano quien percibió que algo me estaba molestando. Y él, incluso en esa región remota, sabía del mordaz ataque contra mí.

—Norman, siempre has sido veraz y leal a Jesucristo —dijo mi padre sentado en su mecedora—. Crees y predicas las verdades bíblicas. Siempre has estado en la corriente principal del cristianismo, y nunca has seguido ninguna locura temporal. Has unido el cargo pastoral con lo mejor de la ciencia y las artes de sanidad. Has abierto nuevos caminos de pensamiento positivo para contrarrestar los antiguos que son negativos y destructivos. Eres mi hijo, y tu anciano padre que ha conocido hombres buenos y no tan buenos durante ochenta años y más, tanto dentro como fuera de la iglesia, te dice que eres un ministro bueno y leal de Jesucristo.

Papá se quedó en silencio y pensativo durante un largo minuto.

—Además, y recuerda esto, los Peale nunca se rinden —continuó—. Me destrozaría el corazón que uno de mis hijos fuera de los que se dan por vencidos, con miedo de ponerse de pie y enfrentar cualquier situación.

Mi padre era un hombre de espíritu apacible, y en toda mi vida nunca lo había oído usar ninguna expresión que incluyera alguna palabra impropia. Imagina mi sorpresa cuando continuó su alocución.

—Y Norman, hay algo más.

—¿Qué es, papá? —pregunté.

—Diles que se vayan al infierno —declaró, para mi asombro.

Entré a otra habitación, rompí mi renuncia y la tiré al tarro de basura. Huelga decir que me fortalecí en espíritu. El libro ha vendido más de veinte millones de ejemplares en todo el mundo y, en opinión de expertos en estadísticas, se ha convertido en uno de los pocos libros en la historia del país que se ha vendido tanto. El título se convirtió en parte del idioma y la cultura, no solo en Estados Unidos sino en el mundo.

—¿Cómo está Norman? —le preguntó Cynthia Weddell, que un tiempo fue presidenta del Concilio Nacional de Iglesias, a un amigo mío.

—Él está bien —respondió mi amigo, y añadió—. Ha sobrevivido a sus críticos.

—No —expresó la señora Weddell—, él los ha amado sobremanera.

En cada rechazo aprendes algo, y yo aprendí que amas a las personas y no odias a nadie si sencillamente emprendes tus asuntos; finalmente obtienes una victoria. Ahora bien, sucede que muy pocas personas me critican en la actualidad, de lo que deduzco que tal vez estoy perdiendo mi habilidad.

Cordialmente,

Norman Vincent Peale
NVP:SEL

SIETE

La Decisión Persistente

PERSEVERARÉ SIN HACER EXCEPCIONES.

Los grandes líderes, los grandes triunfadores, casi nunca son realistas según los estándares de los demás. De alguna manera estas personas de éxito, a menudo consideradas extrañas, escogen su camino por la vida haciendo caso omiso de expectativas y emociones negativas, o no oyéndolas. En consecuencia, consiguen un gran logro tras otro, y nunca oyen hablar de lo que no se puede hacer. Por eso precisamente no se les debe decir a los jóvenes que algo no puede hacerse. ¡Para alguien que es lo suficientemente ignorante de lo imposible, Dios podría haber estado esperando siglos a fin de hacer eso mismo que aquella persona desconoce!

Tu éxito con las otras seis decisiones reposa en tu habilidad y disposición de adoptar y dominar la Decisión Persistente. Persistir sin hacer excepciones significa en última instancia asegurar el éxito en tus esfuerzos.

PERSEVERARÉ SIN HACER EXCEPCIONES.

Con la certeza de que ya he hecho cambios en mi vida que perdurarán para siempre, hoy coloco la pieza final del rompecabezas. Poseo el mayor poder jamás dispensado a la humanidad, el poder de elegir. Hoy, elijo perseverar sin hacer excepciones. Nunca más viviré en medio de la distracción, con mi atención yendo de aquí para allá como una hoja en una tormenta. Sé el resultado que deseo. Me aferro a mis sueños. Mantengo el curso. No desisto.

Perseveraré sin hacer excepciones. Continuaré a pesar de estar exhausto.

Reconozco que la mayoría de la gente desiste cuando se siente extenuada. No soy como «la mayoría de la gente». Soy más fuerte que la mayoría de la gente. La gente promedio acepta la extenuación como algo natural. Yo no lo hago. La gente promedio se compara con otra gente. Por eso son personas promedio. Me comparo con mi potencial. No soy promedio. Veo la extenuación como una precursora de la victoria.

¿Cuánto tiempo debe intentar caminar un niño hasta que en realidad lo logra? ¿No tengo yo más fuerzas que un niño? ¿Más entendimiento? ¿Más deseos? ¿Cuánto tiempo debo trabajar para tener éxito antes de lograrlo? Un niño nunca haría la pregunta, pues la respuesta no importa. Al perseverar sin hacer excepciones, mis resultados, mi éxito, están asegurados.

Perseveraré sin hacer excepciones. Me concentro en los resultados.

Para alcanzar los resultados que quiero, no hace falta siquiera que disfrute el proceso. Lo único importante es que *continúe* el proceso con los ojos puestos en el resultado. Un atleta no disfruta el dolor del entrenamiento; un atleta disfruta los resultados de haberse entrenado. Se empuja del nido a un joven halcón, que siente temor de rodar por el precipicio. El dolor de aprender a volar no puede ser una experiencia gozosa, pero la angustia de aprender a volar se olvida rápidamente cuando el halcón surca los cielos.

Un marinero que observa lleno de temor al mar tormentoso azotar su navío siempre adoptará un curso improductivo. Pero un capitán sabio y experimentado mantiene la vista fija sobre el faro. Sabe que al guiar su barco directamente a un punto específico, disminuye el tiempo empleado en molestias. Y manteniendo la vista en la luz, no hay nunca un segundo de desaliento. ¡Mi luz, mi puerto, mi futuro está a la vista!

Perseveraré sin hacer excepciones. Soy una persona de mucha fe.

En Jeremías, mi Creador declara: «Porque yo sé muy bien los planes que tengo para ustedes [...] planes de bienestar y no de calamidad, a fin de darles un futuro y una esperanza» (29.11, NVI). De este día en adelante, declararé fe en la certidumbre de mi futuro. Demasiado de mi vida ha sido malgastado dudando de mis creencias y creyendo en mis dudas. ¡Se acabó! Tengo fe en mi futuro. No miro ni a la derecha ni a la izquierda. Miro hacia delante. Solo puedo perseverar.

> Para mí, la fe siempre será una guía más sólida que la razón porque la razón solo puede ir hasta cierto punto; la fe no tiene límites. Aguardaré que se produzcan milagros en mi vida porque la fe los produce todos los días. Creeré en el futuro que no veo. Eso es fe. Y la recompensa de esta fe es ver el futuro en que he creído.
>
> Perseveraré a pesar de sentirme extenuado. Me concentraré en los resultados. Soy una persona de mucha fe.
>
> Perseveraré sin hacer excepciones.

La costumbre de rendirse

La Decisión Persistente es la clave para las otras seis: «Perseveraré sin hacer excepciones». Sin esta decisión particular, las otras seis no tienen sentido. Cuando tomas y te adueñas de esta decisión, las otras seis sin duda funcionarán.

Comprometerse con la Decisión Persistente significa que asumes responsabilidad. Constantemente buscas sabiduría. Nunca dejas de ser una persona de acción. Tienes un corazón decidido, sin hacer excepciones. Decides ser feliz todos los días. Saludas cada día con un espíritu de perdón. Cada una de las otras seis decisiones depende de tu aceptación de la séptima: «Perseveraré sin hacer excepciones». Perseverar es la única decisión que une a todas las demás.

Realmente me encanta ver fútbol americano. Ni siquiera me importa quiénes están jugando... simplemente me gusta el juego. Me sorprende que me guste tanto ver fútbol. Este deporte es una pasión verdadera, y sin embargo en sexto grado odiaba jugar. Quería tanto renunciar que me daba dolor de cabeza. Detestaba las prácticas, el entrenador, y quedarme después del colegio hasta el anochecer. Pero papá no me permitía rendirme. Yo no podía creerlo.

—Lo empezaste y vas a terminarlo —solía decir él.

Incluso mi madre entendía la situación.

—Tú sabes que tiene dolores de cabeza —solía indicar—. Esto no es para él. Obviamente no fue hecho para esto. Es un muchacho delgado, y mira esos chicos fuertes allá afuera.

—Él no tiene que jugar el próximo año, pero debe terminar lo que empezó este año —respondía papá, y me llevaba a un lado—. Hijo, quiero que sepas que la persistencia es un hábito. Igual que rendirse. Uno de los grandes favores que te puedo hacer es asegurarte que tengas el hábito de persistir y nunca desarrollar el hábito de darte por vencido.

Por tanto, no desarrollé el hábito de rendirme, el cual sencillamente no se aceptaba en mi familia. Una vez que empezabas algo, lo terminabas. Si me registraba para vender semillas puerta a puerta, los demás chicos podían devolver sus semillas, pero yo iba a vender cada una de ellas. Si me inscribía para vender tarjetas de Navidad, cada tarjeta se debía vender.

—Podrías estar vendiéndolas en mayo, Andy, pero vas a vender cada una de esas tarjetas —solía decirme papá.

Él quería que yo entendiera que cada cosa importante que yo lograra en mi vida sería difícil y requeriría persistencia.

Esto era simplemente algo que se esperaba en mi casa, y lo agradezco hasta este momento. Cada día observo a personas renunciar a ciertos esfuerzos que sé que si tan solo perseveraran en ellos, verían grandes resultados. La persistencia abre puertas en la vida con las que siempre has soñado.

... SIN HACER EXCEPCIONES

Es fácil hacer caso omiso de la Decisión Persistente: «Bueno, ¡bah! ¿Quién no ha oído eso antes?». Todos hemos oído que debemos persistir, que no debemos rendirnos. El toque único está en la última parte: persistir sin hacer excepciones. «Sin hacer excepciones» es lo que todos tienden a dejar por fuera.

Cuando persistes sin hacer excepciones, ocurren milagros. Encuentras un camino donde no lo hay. Cada vez que afirmes que vas a ir tras algo grande (que vas a hacer algo extraordinario, algo grandioso) y cuya recompensa también es grande, va a ser difícil. Hay solo una recompensa para lo que es difícil hacer. Si fuera fácil, todo el mundo lo estaría haciendo, y la recompensa sería pequeña.

¿CUÁNTO TIEMPO DEBE INTENTAR CAMINAR UN
NIÑO HASTA QUE EN REALIDAD LO LOGRA?...
¿CUÁNTO TIEMPO DEBO TRABAJAR PARA TENER
ÉXITO ANTES DE LOGRARLO? UN NIÑO NUNCA
HARÍA LA PREGUNTA, PUES LA RESPUESTA NO
IMPORTA. AL PERSEVERAR SIN HACER EXCEPCIONES,
MIS RESULTADOS, MI ÉXITO, ESTÁN ASEGURADOS.

Cada vez que vas tras algo grande, llegará un momento en que a todo el mundo le parecerá obvio que está «acabado», que es imposible hacerlo. Incluso a ti podría parecerte obvio que está acabado. Si llegas a ese punto y has persistido, entonces otros te dirán que está bien que te rindas... porque ya persististe. Ya estuviste allí, y puedes renunciar con la conciencia tranquila, con el ánimo de las personas que tienes cerca porque hiciste lo mejor que podías: «Lo intentaste. El Señor sabe que lo intentaste. Hemos visto tu esfuerzo. ¡Te estás matando! Es hora de renunciar, cariño. Ya está bien». Los demás te animarán a rendirte si has persistido porque la sociedad ya no reserva un castigo por renunciar... mientras persistas un poco.

No obstante, si persistes *sin hacer excepciones*, habrás hallado un camino donde no lo hay. Y allí es cuando ocurren milagros. Cada vez que llegas al límite, cada vez que llegas al final del camino, lo que te está faltando no es dinero, orientación o tiempo; te está faltando una idea. Eso es todo, una idea.

No puedo decirte cuántas veces he trabajado con personas que han llegado a ese punto.

—Es demasiado —dice alguien—. Lo sé. Entiendo lo de *persistir sin hacer excepciones*, pero creo que este podría ser el caso en que...

—Bien, ¿qué has hecho? —contesto—. ¿Qué has intentado?

—Lo he intentado todo. He agotado toda posibilidad. No existe nada que se pueda hacer que no lo haya intentado. Simplemente que yo...

—Sé que no hay nada más que puedas hacer. No sabes a quién más acudir. (Este es un fabuloso jueguito que solo tú puedes jugar contigo mismo.)

LA RAZÓN SOLO PUEDE LLEGAR MUY LEJOS, LA
FE NO TIENE LÍMITES, ESPERARÉ MILAGROS EN MI
VIDA PORQUE LA FE LOS PRODUCE CADA DÍA.

—Así es, así es. No sé a quién más acudir.

—Sé que no sabes qué hacer —contesto—, pero si supieras la próxima jugada que debes hacer, ¿cuál sería? Si estuviéramos suponiendo, ¿cuál dirías que podría ser la próxima movida?

—Bueno, si lo supiera, yo probablemente haría...

—Ahí lo tienes —exclamo—. ¡Haz eso!

Recuerda... aunque estés en «los bosques más profundos» solo te falta una idea.

COMPROMISO DE PERSEVERAR

Tengo un amigo con quien almuerzo de vez en cuando. Él es un poco mayor que yo, pero también jugó fútbol americano cuando era joven. Era mejor de lo que yo era, y su sueño era jugar profesionalmente. Mi amigo fue mariscal de campo durante todo el colegio, e incluso consiguió una beca para jugar en la universidad.

Pero su sueño de jugar en la NFL, la liga nacional de fútbol americano, no parecía muy alentador cuando se lesionó la espalda y no jugó en su último año. Para la ronda final de reclutamiento de la NFL, la ansiedad y la desilusión eran simplemente abrumadoras. Finalmente, el teléfono sonó. Un equipo lo había elegido en la ronda final... ¡y en ese tiempo la NFL reclutaba en *diecisiete rondas*!

Él estaba muy feliz; habría firmado prácticamente por nada. Y en realidad así fue: $6.500. Desde luego, ser parte del equipo iba a ser el reto más difícil. Estaba compitiendo contra otros cuatro mariscales de campo, pero él anhelaba esto más que cualquier cosa en el mundo.

> DÉJAME CONTARTE EL SECRETO QUE ME HA
> LLEVADO A CUMPLIR MI META. MI FORTALEZA YACE
> ÚNICAMENTE EN MI TENACIDAD.
> —LOUIS PASTEUR

Mi amigo pasó las semanas anteriores a su primer entrenamiento de campo poniéndose en forma y perfeccionando sus habilidades de pase. Lanzó miles de pelotas a través de una llanta vieja colgada de la estructura en la casa de sus suegros. Y aunque sus amigos y familiares estaban orgullosos de él, en realidad no esperaban que fuera a formar parte del equipo.

En julio, cuando se presentó al campamento, estaba listo pero muerto de miedo. Era obvio que los entrenadores en realidad no esperaban que fuera a participar en el equipo. Cuando se entregaron las camisetas para la primera sesión de fotografías, ni siquiera le dieron un número de mariscal de campo. (Es más, si consigues un cromo de debutante de este hombre, aparece usando el número 42.)

El entrenamiento de campo era difícil, y la competencia era feroz, pero la preparación inicial dio sus frutos. Su confianza le ayudó a tener un buen desempeño en líneas de ataque y partidos de pretemporada hasta que, con la reducción final de la plantilla, le dieron una nueva camiseta: la número 15. ¡Había logrado ser parte del equipo!

En los tres años siguientes se sentó en la banca y observó la lucha del equipo durante tres de los años más tristes de su historia. Pasaron por dos cuerpos técnicos; la moral estaba por los suelos.

En el cuarto año de mi amigo, en una jugada audaz, el equipo contrató como director técnico a un entrenador asistente poco conocido. Nadie había oído hablar de este individuo. Resultó que este nuevo entrenador había recorrido un camino muy parecido al de mi amigo. Había escalado posiciones. Nunca había sido un buen jugador, pero le gustaba tanto el juego que quería ser entrenador.

Algunas personas creían que este nuevo entrenador era demasiado inseguro para la profesión de entrenador. Muchos decían que no podía relacionarse con los jugadores porque era demasiado joven. Se le dio la oportunidad de ser entrenador bastante tarde en su vida, y solo entonces porque el equipo estaba muy mal. Mi amigo recuerda: «Si yo pensaba que era difícil entrar al equipo, probarme ante este entrenador fue aún más difícil».

Mi amigo era un hombre tranquilo, y el entrenador no estaba impresionado con él. Pero estaba impresionado con sus hábitos de trabajo, su estabilidad, su confianza, y su habilidad para persistir sin hacer excepciones. El entrenador vio un poco de sí mismo en mi amigo, no el talento natural más fabuloso, sino que tenía una imposibilidad innata para darse por vencido o renunciar.

En el cuarto año de mi amigo, el mariscal titular de campo se lesionó. Mi amigo estaba listo. ¡Esto era para lo que se había esforzado tanto! Entró al partido e hizo remontar al equipo. Después del partido Bart Starr se convirtió en el mariscal titular de campo para los Packers de Green Bay.

Vince Lombardi, ese entrenador poco conocido, y Bart Starr llevaron a los Packers a uno de los más fabulosos registros en la historia de la NFL. En cierto momento ganaron cinco campeonatos en siete años, incluso los dos primeros Súper Tazones, y Bart fue nombrado el jugador más valioso en cada uno de estos partidos. Bart fue nombrado en 1970 el jugador de la década, y también fue incluido, junto con Vince Lombardi, en el Salón de la Fama del fútbol profesional.

DEBES SABER QUE EN EL JUEGO DE LA VIDA NADA
ES MENOS IMPORTANTE QUE EL MARCADOR EN EL
INTERMEDIO. LA TRAGEDIA DE LA VIDA NO ES QUE UN
HOMBRE PIERDA, SINO QUE CASI GANE.

Hoy día Bart vive en Birmingham con su esposa, Cherry, sus hijos, y los hijos de sus hijos. Ha tenido tanto éxito en los negocios y en su vida personal como siempre lo tuvo en el campo de fútbol americano. Bart te dirá que gran parte de su éxito se debe a haber desarrollado el hábito de persistir sin hacer excepciones.

CONVIÉRTETE EN UNA FUERZA DE PERSISTENCIA

Hasta aquí has hecho un excelente trabajo en definir cómo quieres que sea tu vida, y en identificar los obstáculos que, sin saberlo, has permitido en tu camino. Todos sabemos cómo tienden a aparecer nuevos obstáculos y retos (incluso después de haber esclarecido lo que queremos). Por esto debemos armarnos con las herramientas y el entendimiento necesarios para vencer obstáculos, de modo que no se conviertan en excusas para desistir.

Ahora mismo define para ti un potente conjunto de creencias que puedas invocar en tus momentos de necesidad. Identifica tres obstáculos internos básicos que a menudo se interponen en tu camino. Quizás te identifiques como alguien que pospone la adopción de medidas. O tal vez tiendas a dejar que el temor guíe tus acciones y decisiones. Enumera tres de estos obstáculos limitantes personales.

En forma de afirmaciones, a continuación escribe los atributos a los que te has comprometido y que están alineados con tu espíritu de persistencia. Por ejemplo, al lado del obstáculo de postergación podrías escribir: «Estoy comprometido con el logro de mis objetivos», o «Cumpliré esto. Me dirijo hacia mi visión». Para cada obstáculo puedes decir: «No estoy atado a nada. Con persistencia puedo lograrlo», o «Con fe y valor, persistiré hasta tener éxito».

Escríbelos en tu diario o en una tarjeta que puedas llevar contigo. Recuérdate tu nueva afirmación cada vez que encuentres que tu viejo obstáculo se presenta.

FE O TEMOR

¿Cuál es entonces la diferencia en las personas? Cuando enfrentan luchas, ¿por qué una persona desiste y otra sigue adelante?

Así pregunta Gabriel en *El regalo del viajero*: «¿Guía la fe tus emociones y acciones cotidianas? ¿O guía el temor todo lo que haces?».

Lo uno o lo otro nos impulsa, y ambas emociones son una expectativa por un acontecimiento que no ha sucedido, o una creencia en algo que no se puede ver o tocar. Tener fe es creer en el potencial esperanzador de lo que no se ha visto, y la recompensa de la fe es tener manifiesto el potencial. La energía emocional de la fe es edificante. Por el contrario, el temor también es creer en el potencial siniestro de lo que no se ha visto, y la única recompensa del temor es... más temor. La energía emocional del temor es vida que se merma. El temor se puede usar como un catalizador para la acción, o por defecto este aprisiona al individuo a vivir en la mediocridad.

Un hombre de fe cosecha recompensa perpetua, y un hombre de temor vive al borde de la locura. El temor es un vapor, un mito, y si crees que el temor es alguna clase de advertencia de lo alto para mantenerte fuera de problemas, olvídate de eso. No hay ningún caso en la Biblia que afirme que el temor viene de Dios. El miedo te altera y te aleja de tus objetivos, tus sueños y tu destino. El temor y la preocupación son intereses pagados por anticipado sobre algo que tal vez nunca ocurra.

A través de los años he descubierto que a menudo las personas más inteligentes son las más susceptibles a temer en primera instancia. No podía entender esto hasta que finalmente comprendí que el temor es imaginación fuera de control. Lo que temes ni siquiera existe, se trata del mal uso de la imaginación creativa que Dios ha puesto en ti. Y en las vidas de estas personas creativas e inteligentes, de algún modo el temor entra y cierra cualquier posibilidad de que avancen hacia sus objetivos y sueños. El temor detiene todo. La palabra *preocupación* se deriva de un término anglosajón que significa «ahogar» o «estrangular». La preocupación y el miedo estrangulan todo flujo creativo o movimiento inteligente que de otro modo las personas pudieron haber tenido.

No hagas caso al miedo. Expúlsalo de tu vida. No hay recompensa para el temor. El premio está en la fe y en ver que aquello en lo que has creído acontece.

«Perseveraré sin hacer excepciones. Soy una persona de gran fe».

LA PUERTA AL OTRO LADO DEL TEMOR

Ralph Waldo Emerson expresó: «Haz siempre aquello que temes hacer».

¿Cuáles son las puertas cerradas en tu vida? Muchas veces se erigen como una limitación que has creado en tu mente. Tus mismas limitaciones constituyen suaves transiciones hacia tus sueños. Si confrontas tales limitaciones y las tratas en lugar de temerles o evitarlas, las trascenderás hasta experimentar ilimitadas posibilidades para tu vida.

Tengo un amigo llamado Erik Weihenmayer, quien es una de las personas más asombrosas que he conocido. Nació con una extraña enfermedad genética, y a los trece años de edad se quedó ciego. Al principio se sintió irritado, asustado y amargado. Pudo haber decidido que el mundo era un lugar horrible para vivir, y pudo haberse rendido. Pudo haber creído que Dios le jugó una mala pasada. En vez de eso, Erik aceptó su desventaja e hizo lo que muchos decían que era imposible: convirtió su ceguera en una poderosa herramienta que le permitiría llevar la vida de sus sueños.

TODOS LOS SERES HUMANOS ESTÁN IMPULSADOS POR LA FE O EL TEMOR, LO UNO O LO OTRO, PORQUE AMBOS SON LO MISMO. LA FE O EL TEMOR SON LA

EXPECTATIVA DE UN ACONTECIMIENTO QUE NO HA
SUCEDIDO, O LA CREENCIA EN ALGO QUE NO SE
PUEDE VER O TOCAR. UN HOMBRE DE TEMOR SIEMPRE
VIVE EN EL BORDE DE LA DEMENCIA. UN HOMBRE DE
FE VIVE EN RECOMPENSA PERPETUA.

A Erik le encantaban los deportes. Sin embargo, ¿qué deporte
puede hacer un ciego? Comenzó con la lucha libre y se convirtió
en una de las estrellas de lucha libre en el colegio. A los dieciséis
años, Erik descubrió su pasión por el montañismo. Era un esquiador
activo. Se convirtió en maratonista, paracaidista y buzo. Amaba la
aventura y decidió hacer cosas que le exigían ir más allá de lo que
todos los demás creían que un ciego podía hacer.

Desde el principio, Erik decidió que usaría su discapacidad para
llevar una vida de crecimiento, expansión y riesgo. Decidió ir más
allá del aislamiento, el temor y las limitaciones de su ceguera. En vez
de eso, este hombre se desafió a crecer enormemente y atravesar la
puerta negra de su discapacidad.

¿Fue siempre Erik un escalador de talla mundial? Inicialmente
no. Al ser un chico ciego, se enojaba. Se castigaba. Luchó por aprender Braille. Batalló contra todo lo que lo etiquetaría. Él recuerda: «No
quería que me conocieran como el chico ciego. Quería ser conocido
por hacer o ser algo genial».

Durante un tiempo luchó por mantenerse emocional y académi-
camente a flote; reprobó matemáticas en su primer año en el colegio
porque no había aprendido Braille. Pero se recuperó.

La pasión de Erik por escalar era superior a cualquier discapacidad o temor. Experimentar la naturaleza de manera palpable,
sintiendo las diferentes texturas de las rocas y el viento que soplaba
al lado de la montaña, y escuchando los sonidos... era para una persona ciega una sobrecarga sensorial, ¡y a Erik le encantaba! El miedo

siempre estaba allí para él. También estará allí para ti, pero este deportista decidió usar sus temores de manera constructiva.

EL MIEDO ES UN MEDIOCRE CINCEL CON EL CUAL LABRARSE EL FUTURO.

Erik apareció en la portada de la revista *Time* como la primera persona ciega, y una de las pocas de cualquier tipo de personas, en escalar el monte Everest. Cuando fue tras el monte Everest sabía que 90% de los alpinistas que intentan llegar a la cumbre no lo conseguían, y que muchos no regresaban con vida.

¿Sabías que más de 10% de las personas que han tratado de escalar el monte Everest han muerto? ¿Te subirías a un auto si supieras que tienes una posibilidad en diez de morir? Sin embargo, he aquí a un hombre ciego que trepó el pico más alto del mundo a 8.848 metros sobre el nivel del mar, con temperaturas de hasta 30°C bajo cero y vientos de más de ciento cincuenta kilómetros por hora... por no hablar de los retos de atravesar un terreno sumamente accidentado que siempre presenta ráfagas, cambios, caídas y desplazamientos, con hielo afilado, profundos abismos, y grietas peligrosas que se deben cruzar para llegar a la cima. Literalmente, ¡un paso en falso podría significar la muerte!

¿Qué tal que vieras al miedo como una puerta que debes atravesar, tal como Erik Weihenmayer lo hace? Él ha trepado el pico más elevado de cada uno de los cinco continentes. Erik reconoce que a veces se asusta y tiene que avanzar a través de su miedo paralizante. Él medita: *Escalar rocas me ayuda a entender que gran parte de la vida es conectarse con la oscuridad. Esto puede ser aterrador porque no sabes lo que hay allí.*

Erik cree que el asidero que intenta alcanzar está allí, aunque no tiene mucho tiempo y caerá si no lo encuentra. Sus dedos cederán si se sostiene demasiado tiempo, pero él espera, ora y confía en que va a encontrar lo que está buscando. Erik entiende que no hay garantías, pero se niega a dejarse paralizar por el miedo.

Este hombre revela: «Una cumbre no es un lugar en una montaña. Es un símbolo que nos recuerda que, con el poder de nuestras mentes, nuestros cuerpos y nuestras almas, y con el poder de estas dos pequeñas manos, podemos transformar nuestras vidas en algo milagroso. Cuando unimos nuestras manos con aquellos que nos rodean podemos hacer más que transformar nuestras propias vidas. Podemos transformar el mismísimo rostro de la tierra».*

ÁBRETE PASO A TRAVÉS DEL MIEDO

¿Cuáles son algunos de los miedos que te impiden lograr lo que deseas, y que intervienen en tus pasiones? Escribe los tres principales temores que tengas acerca de la vida. Estos miedos pueden afectar tus relaciones, tus finanzas, tu carrera o tu familia. También pueden afectar tu bienestar espiritual, emocional y físico.

Debajo de cada temor escribe dos o tres maneras en que este se manifiesta en los diferentes aspectos de tu vida.

¿Qué sucedería si no exteriorizaras estos temores? ¿Qué harías en lugar de eso? La próxima vez que aparezcan, escribe algo que harías para reemplazar cada temor con una emoción diferente.

¿Son reales o imaginarios la mayoría de tus miedos? El grado de riesgo e incertidumbre que puedas manejar en tu

---

* Puedes ver el video de quince minutos de la conversación con Erik Weihenmayer en AndyAndrews.com.

vida determinará el nivel de realización y recompensa que experimentes. ¿Valdría algo la pena si no fuera difícil, si no conllevara riesgos, y si no fuera molesto llevarlo a cabo?

Al revisar cada uno de tus temores, ¿cuáles son dos acciones que puedes tomar y que disminuirían inmediatamente lo que te está afectando en cada aspecto? Si Erik puede escalar el monte Everest, ¿no puedes abrirte paso a través de algunos de tus temores tomando acciones enfocadas, valientes, decididas y deliberadas?

¿Qué te costará si no tomas estas acciones? ¿Y cuándo en concreto tomarás estas acciones dentro de las próximas veinticuatro horas?

VERDADEROS HACEDORES DE LLUVIA

En Australia se cuenta una historia de una tribu de hacedores aborígenes de lluvia. Esta tribu particular de hacedores de lluvia siempre hace llover. Pues bien, a los aborígenes se les conoce por sus danzas de lluvia, pero algunas tribus tenían más éxito que otras, y se corrió la voz de que esta tribu particular siempre podía hacer llover. Cuando las comunidades blancas estaban en problemas debido a la sequía, comenzaron a llamar a esta tribu particular para que hiciera su danza de lluvia. En una ocasión el dirigente de la comunidad blanca fue a donde el rey de este reconocido grupo.

—¿Por qué llueve cada vez que ustedes danzan? —preguntó.

—En realidad es muy sencillo —contestó el rey—. Danzamos hasta que llueva.

¡Resistir, aguantar hasta el final, y esperar que llegue el éxito es tu mejor estrategia! ¿Sabes que no puedes fracasar en cualquier cosa que hayas decidido hacer? La única manera de fracasar es rendirte. ¡El fracaso y el éxito están totalmente en tus manos!

UN ATLETA NO DISFRUTA EL DOLOR DEL
ENTRENAMIENTO; UN ATLETA DISFRUTA LOS RESULTADOS
DE HABERSE ENTRENADO.

Algunas personas podrían decir: «Nunca lo lograrás; nunca sucederá. ¿Por qué estás perdiendo tu tiempo?».

Debes recordar que un día alguien va a estar equivocado, y alguien va a estar en lo cierto, y va a ser realmente obvio para todo el mundo quién es quién. Permite que estas palabras se asimilen en ti. Tú eres totalmente responsable. No has fracasado hasta que te rindes. «Perseveraré sin hacer excepciones».

CREA TU PROPIO RECEPTÁCULO DE RESULTADOS

Para usar la decisión persistente es útil encontrar maneras de avanzar hacia tus objetivos de modo más eficaz. Por ejemplo, podrías tener un proyecto específico que estés intentando planificar, como unas vacaciones largamente esperadas para ti y tu cónyuge. Aunque a menudo piensas en hacer esto, siempre surge algo: el teléfono suena, un correo electrónico entra, tu celular vibra, tu hijo grita pidiendo ayuda con la tarea de matemáticas, la cena está lista, y entonces estás cansado y necesitas dormir.

La vida es exigente, y es fácil dejarse arrastrar por un mar interminable de tareas y acciones continuas. A veces es

---

necesario cerrar tus puertas (temporalmente), salir de tu programa de correos electrónicos, y apagar tu celular a fin de que puedas trabajar en un objetivo que es importante para ti.

Selecciona un objetivo que hayas identificado en un ejercicio anterior de decisión y programa tiempo para trabajar en él. El tiempo se debe ver como algo sagrado y no negociable, al igual que una reunión importante de negocios.

EL VIAJERO DESAFORTUNADO

Henry Wadsworth Longfellow afirmó: «La perseverancia es el gran elemento del éxito. Si golpeas la puerta el tiempo suficiente y con suficiente fuerza, ten la seguridad de que despertarás a alguien».

Tal vez la mejor historia que yo podría contar acerca de la perseverancia en mi propia vida tiene que ver con ese libro al que me he referido con frecuencia, *El regalo del viajero*. Muchas personas suponen que porque fue seleccionado en el Club del libro *Good Morning America* y en la lista de éxito de ventas del *New York Times*, el libro fue pan comido para el mundo editorial y aceptado de inmediato. ¡Ese para nada fue el caso!

Cuando terminé el manuscrito de *El regalo del viajero*, estaba convencido de que era la mejor obra que alguna vez había hecho. Solo que no podía convencer de eso a alguien más. No podía lograr que un editor publicara este libro. Se necesitaron tres años, tres distintos agentes literarios, y cincuenta y un rechazos de las editoriales más grandes del mundo.

Ahora bien, eso me sacudió un poco. La gente se sorprendería al saber cuántas veces me he encerrado en mi alcoba y leído mi propio manuscrito. Debido a la Decisión Persistente, la séptima decisión, yo sabía que no podía fallar. Sabía que este libro sería publicado si tan solo aguantaba hasta el final.

Mis amigos leían el manuscrito y decían: «Este libro me cambió la vida», y después los editores leían el manuscrito y decían: «No lo entendemos. Pasamos».

Mes tras mes, que se convirtió en año tras año, no pude lograr que publicaran este libro. Por supuesto, algo estaba pasando en el fondo que yo no lograba ver. Yo sabía que había razones para que las cosas sucedieran de ese modo. Ahora puedo ver algunas de las razones. Pero en ese tiempo, ¡era frustrante!

Seguí trabajando y esperando, tentado por desviarme, pero sabía que debía aguantar hasta el final. Finalmente una empresa que ya había rechazado *El regalo del viajero* lo publicó. ¡Parte de la persistencia es encontrar un camino donde no lo hay!

¿Cómo lo logré? Encontré alguien más poderoso que un editor: la esposa de un editor. Una noche estábamos en una cena, y me aseguré de que estuviéramos sentados frente al editor y su esposa. Yo sabía que en algún punto de la velada, alguien preguntaría:

—¿Y qué hace usted?

Alguien lo hizo.

—Bueno, estoy trabajando en un libro —contesté, y presenté la historia.

—¡Fantástico! Me gustaría leer eso en algún momento —respondió la esposa del editor.

—Tengo un manuscrito en el auto. Este es solo para usted, ahora... —comenté, señalando a su esposo, el editor—. No permita que él lo lea.

Reímos, y ese fue el comienzo de que por fin publicaran el libro. Más tarde supe que ella y su esposo se quedaron leyendo el manuscrito hasta tarde. Ella siguió leyendo toda la noche, y él permaneció despierto toda la noche mientras ella leía, y a menudo lo codeaba y decía: «Oye, escucha esta parte».

Una semana después teníamos un trato para el libro. Persistir sin hacer excepciones. Sorprendentemente, cuando persistes sin hacer excepciones, ¡suceden milagros!

A pesar de que todos los editores lo rechazaron, triunfamos, y este editor estuvo en el lugar en que debía estar. Era el momento adecuado. Cuando vi a Diane Sawyer de pie en la televisión nacional (en *Good Morning America*) sosteniendo en alto *El regalo del viajero* y diciendo: «Este es un libro que Estados Unidos necesita en este tiempo», me vino a la mente que cuando escribí el libro nuestra nación no estaba en la turbulenta e incierta etapa posterior al 9/11 ni tenía las mismas necesidades. Lo que percibí como rechazo o demora era realmente organización divina para el tiempo adecuado.

Un día me hallaba hablando con un grupo de personas después de una alocución. Una dama se me acercó y me contó que había escrito un libro que estaba teniendo dificultades en ser publicado. Es más, después de un año, más de veinte editores y agentes lo habían rechazado.

—Bueno, déjeme decirle algo —comenté—. Saber que *El regalo del viajero* fue descalificado durante tres años con cincuenta y un rechazos, ¿le ayuda a sentirse más animada?

—En realidad sí —contestó— No deseo ofender, pero sí. Me hace sentir mejor saber que a usted lo rechazaron mucho más que a mí.

—Vea usted —comenté—. Existe otra razón para que yo haya persistido a través de mis rechazos: poder animarla a usted. Yo nunca lo habría elegido, ni en un millón de años, pero se me permitió pasar por este proceso para probar mi persistencia, y para no rendirme y poder contarle mi historia a fin de animarla.

Personas de persistencia

Thomas Jefferson manifestó: «Nunca temas la falta de negocios. A un hombre que se califica bien para su llamado nunca le falta empleo».

Por consiguiente, ¿qué es el éxito para ti? ¿Una casa nueva? ¿Un hijo? ¿Cierto trabajo? ¿Un aumento? Sin duda tú y yo estamos de acuerdo en que el éxito no sucede por accidente. Debes saber lo que quieres y lo que estás dispuesto a dar para conseguirlo. Dos cosas se requieren: primera, una decisión; y segunda, una acción continua, y seguir adelante hasta que el éxito llegue.

¿Qué significa seguir adelante? Significa acción continua y tenaz hacia tu objetivo: acción prevista, planeada y eficaz. No llegarás a ninguna parte si esperas que Dios te dé. Recuerda: él alimenta las aves, ¡pero no arroja la comida a los nidos! Seguir adelante (querer el éxito) significa compromiso incansable con el logro de tus resultados mediante una acción drástica. Sin el compromiso de persistir, muchas personas caen en la trampa de decidir en cuanto a un destino o meta. Una o dos acciones típicamente no te darán el éxito con lo que estás comprometido. Acción enérgica y constante es lo que se necesita para llegar hasta allí.

LOS CONSTANTES DESVÍOS NO LLEVAN A UN HOMBRE
A LA PRESENCIA DE LA GRANDEZA. LOS DESVÍOS
NO FORMAN MÚSCULO. LOS DESVÍOS NO PROVEEN
LECCIONES DE VIDA. ENTRE TÚ Y ALGO IMPORTANTE
HABRÁ GIGANTES EN TU CAMINO.

Hay un millón de historias de éxito, y por lo general se relacionan con la persistencia. Los fracasados renuncian o se rinden. Los triunfadores persisten sin hacer excepciones. Cuando oyes historias de triunfo, si eres como yo, te metes en ellas y piensas: *¿Qué haría yo* *en esa situación?* En ocasiones las historias son tan traumáticas que piensas: *Vaya, ¡espero que yo pueda aguantar!*

Imagina un mundo de prereparto de pizza. ¿Qué tal que tu sueño fuera abrir un sitio de una nueva clase de pizza en la ciudad, que contara con un servicio de entrega garantizada dentro de los treinta minutos posteriores a cada pedido?

Tu pizzería, por ser tan diferente, lucharía desde el principio. Precisamente cuando empiezas a tomar impulso, tu negocio queda reducido a cenizas. ¿Volverías a empezar y a seguir con el sueño que tenías, sabiendo que estuviste a punto de triunfar? Las personas aún tendrían que aceptar la idea de que les entregaran alimentos en sus casas, pero tú estarías seguro de que iban a aceptarla. ¿Persistirías sin hacer excepciones?

Tom Monaghan lo hizo. Reconstruyó su pizzería y luego construyó otra, y otra, hasta que Domino's Pizza estuvo prácticamente en todo el mundo.

¿Qué tal que fueras un mariscal de campo en el colegio y todos te dijeran que no podrías jugar en esa posición debido a ser zurdo y tus lanzamientos serían difíciles de atrapar porque el balón saldría de tus manos en una espiral inversa, girando en sentido contrario? ¿Persistirías en tu sueño de jugar como mariscal de campo en el equipo de fútbol americano de tu colegio? ¿Y tratarías de nuevo con las críticas al entrar a la universidad? ¿Y otra vez en el reclutamiento de la NFL? ¿Permanecerías allí hasta convertirte en el jugador más valioso de la NFL, como campeón del Súper Tazón con los Raiders de Oakland como lo hizo el cuatro veces campeón All-Pro Ken Stabler?

¿Y si fueras un cantante y te dijeran que tu voz es nasal y no particularmente agradable, y te rechazaran todas las discográficas importantes del mundo... dos veces? ¿Pasarías por el lugar una tercera vez y volverías a tocar las puertas con otra canción y una sonrisa en el rostro, como lo hiciera Randy Travis?

¿Y si tuvieras una idea para una nueva versión de palomitas de maíz que las personas han estado comiendo por años? ¿Pasarías cuarenta años cruzando tres mil variedades de maíz para perfeccionar el contenido exacto de humedad en cada semilla (13,5%), de modo que cada semilla reviente? Orville Redenbacher lo hizo.

Todas estas personas me escribieron detallando el rechazo que soportaron y la persistencia que finalmente ganó la partida. Tengo sus cartas junto con varios centenares más. Por sobre la tentación de rendirse cuando las circunstancias no son favorables, o cuando las voces de quienes dudan les ahogan sus sueños, innumerables historias excepcionales brindan apoyo a la persistencia *sin hacer excepciones*.

PLANIFICACIÓN ESTRATÉGICA: CÓMO MOVERTE HACIA TUS METAS

Ser dinámico hacia tus objetivos te ayuda a vivir de manera más eficaz la Decisión Persistente. Una estrategia sólida para planificar los resultados puede acelerar la realización de tus metas:

1. ¿Cuál es una meta que realmente quieres hacer que suceda? Elije algo que hayas deseado durante un tiempo, aunque no haya estado a tu alcance. Considera de veras lo que quieres y por qué lo quieres.
2. Con tu objetivo en mente, piensa en maneras de hacerlo realidad. Escribe todas las acciones, grandes o pequeñas, que te ayuden a lograr esa meta.

¡Ahora toma en las doce horas siguientes al menos una acción que te acerque a vivir tus sueños! Programa tiempo cada día o cada semana para acercarte más al logro de tus objetivos.

CÓMO APROVECHAR UN MUNDO EN CRISIS

A todos nos gusta oír historias de éxito, endulzadas por las luchas que las personas atraviesan para lograrlas. Sin embargo, cuando se trata de tu vida, a veces la duda penetra y la vida parece más difícil de lo que se esperaba.

Podrías estar pasando el peor momento de tu vida, o tal vez conozcas a alguien en esta condición. Recuerda: no estás solo. Todos estamos en una crisis, saliendo de una crisis, o dirigiéndonos a una crisis. Esto solo es parte de estar en este planeta.

Si todavía estás respirando, tu propósito en la tierra aún no se ha cumplido. Existe una razón de que aún estés con nosotros. Hay más diversión que tener, más éxito que disfrutar, más personas a quienes animar, más niños a quienes enseñar, más risas para compartir. ¡Tu trabajo no ha terminado! Tan solo estás en el entretiempo. Es hora de tomar un respiro, levantarse y prepararse para volver.

¡Cuidado con la tentación de desviarte! Las distracciones están en todas partes: películas y televisión, música, y otro universo en la Internet. Los desvíos no desarrollan músculo; no proporcionan lecciones de vida. Los desvíos solo te distraen de la grandeza, ¡y la grandeza es tu destino!

Nelson Mandela dijo que él solo era un hombre común y corriente que se convirtió en líder debido a circunstancias extraordinarias. Cuando era adolescente huyó de su tutor para evitar un matrimonio arreglado, y se unió a un bufete de abogados en Johannesburgo como aprendiz.

Años de exposición diaria a las crueldades de la segregación racial, en que ser negro representaba que lo redujeran a la condición de no ser persona, encendieron en él una especie de valor absurdo para transformar al mundo. En lugar de conformarse con la vida rural fácil en la que lo habían educado, o incluso con un modesto éxito como abogado, determinó que sus únicas certidumbres futuras serían sacrificio y sufrimiento; eligió esto para cambiar a otros y sus vidas.

En la revolución para transformar a un país de la división y opresión racial hacia una democracia abierta, Mandela demostró que no tenía miedo. Sin embargo, sus verdaderas cualidades de perdón, paciencia y persistencia se revelaron después que lo liberaran de la cárcel. Cumplió una condena de veintisiete años por dirigir una huelga no violenta y por participar en la resistencia del Congreso Nacional Africano contra la política de segregación racial del Partido Nacional en el poder.

Los tiempos de calamidad y angustia siempre han producido las personas más grandiosas. El acero más fuerte se produce con el fuego más caliente.

Dondequiera que te encuentres en este momento de tu vida, solo estás en el entretiempo. Sí, otros impusieron tu puntuación en la primera mitad. Cometiste algunas equivocaciones, pero estás a punto de volver a entrar al campo de juego con las lecciones que aprendiste; ¡jugarás un partido distinto! Nada es menos importante en la vida que el marcador en el entretiempo. La tragedia no sería que perdieras; la tragedia sería que casi ganaras y te rindieras.

Piensa otra vez en las personas perfiladas a través de este libro, como Buckminster Fuller, Bob Hope, George Washington, Joshua Chamberlain, Juana de Arco, Norman Vincent Peale, Amy Grant y el general Norman Schwarzkopf. Todos ellos tuvieron problemas, así como los tienes tú, y así como los tendrás. Los problemas son la «puerta negra» hacia tus oportunidades.

LOS TIEMPOS DE CALAMIDAD Y ANGUSTIA SIEMPRE
HAN PRODUCIDO LAS PERSONAS MÁS GRANDIOSAS.
EL ACERO MÁS FUERTE SE PRODUCE CON EL FUEGO
MÁS CALIENTE; LA ESTRELLA MÁS BRILLANTE
DESTRUYE A LA NOCHE MÁS OSCURA.

Nuestros problemas representan oportunidades para agrandar nuestro territorio. En *La oración de Jabes*, el doctor Bruce Wilkinson revela el poder de una pequeña oración. Él explica que debemos pedir y buscar que nuestros territorios personales sean ampliados y extendidos. ¿Permitirás que tu territorio sea agrandado?

Persiste sin hacer excepciones. De hoy en adelante creerás en la certeza de tu futuro. El miedo no tiene lugar en tu vida. ¡Es hora de tener fe! Cree en el futuro, y observa cómo se manifiesta.

CÓMO TRANSFORMAR LOS PROBLEMAS EN OPORTUNIDADES

Los problemas son parte de la vida. ¿Cuáles son tus tres mayores problemas ahora mismo? Escríbelos en tu diario. Luego contesta lo siguiente:

- ¿Qué los hace tan grandes? O ¿por qué crees que son grandes?
- ¿Qué podría ser grande acerca de cada uno de estos problemas? Enumera cinco razones por las que

---

cada uno de estos tres problemas podría ser grande.
Si uno de tus mayores problemas es una enorme
deuda de tarjetas de crédito, esto puede situarse
como una gran oportunidad para ti. Puedes crear
un objetivo claro y medible para erradicar toda la
deuda de tus tarjetas de crédito.

· Escribe algunas ideas para tratar ahora mismo con
  estos problemas.

· Escribe tres soluciones creativas para manejar estos
  problemas.

A continuación, escoge tu mayor problema y la mejor
solución que puedas implementar de inmediato, y pro-
cede. Recuerda: durante los tiempos difíciles no nos falta
dinero, tiempo, un orientador, o un líder. Lo único que
nos falta es una idea.

UNA IDEA APOYADA POR
PERSISTENCIA INCESANTE

Para mi primer libro, *Tormentas de perfección*, se me ocurrió la idea de
recopilar historias de «éxitos repentinos» que recordaran sus peores
rechazos en la vida. Preguntaba: «¿Cuál fue el peor tiempo o el peor
rechazo que usted experimentó en su vida antes de llegar a tener
éxito?».

Yo quería las cartas impresas en las hojas membretadas de las
personas, en sus propias palabras, con sus firmas al pie. ¡Era una
gran idea! Solo que no podía encontrar a alguien para hacerlo. Debí
ser rechazado por cuatrocientas personas antes de que finalmente

tuviera las cincuenta y dos cartas que yo deseaba para el libro. Y esa no fue la parte difícil.

Acudí a William Morris, la talentosa agencia que me estaba representando en ese tiempo, una de las agencias más grandes del mundo, con oficinas literarias en Londres, Berlín, Nueva York y Los Ángeles, y les presenté mi idea junto con las cincuenta y dos cartas, y la rechazaron, igual que hicieron muchos otros agentes y editoriales.

Mucha gente alrededor de mí creyó que todo había terminado, pero yo tenía una idea: publicaría el libro. No tenía dinero, así que hipotequé mi apartamento e imprimí los libros.

LAS CIRCUSTANCIAS SON LOS GOBERNANTES DE LOS DÉBILES, PERO SON LAS ARMAS DE LOS SABIOS.

Tenía diez mil ejemplares, que pesaban toneladas, entregados en mi apartamento. En mi parodia humorística empecé a hablar acerca de la peor época en mi vida. Quizás si te animaran los peores momentos de otra persona, tus «peores momentos» no parecerían tan malos. Las personas empezaron a comprar los libros en mis programas. Terminamos vendiendo más de cien mil.

En ese momento volví a acudir a los editores y les di la noticia, suponiendo que ahora querrían publicar el libro. Imaginé que no sería algo descabellado. En vez de eso, dijeron: «Vaya, es evidente que estábamos equivocados. Sin duda dejamos pasar la oportunidad. Pero usted ya vendió todos los libros que se iban a vender».

Después de haber vendido doscientos mil libros por mi cuenta, volví a acudir a los editores con la misma oferta. Y me dieron la misma respuesta. Dijeron: «¿Cuáles son las probabilidades de que nos hayamos equivocado dos veces? Es obvio que otra vez dejamos pasar la oportunidad, pero ahora realmente se terminó».

Ni siquiera volví a ir a los editores en los trescientos, cuatrocientos o quinientos mil ejemplares vendidos. En los seiscientos mil, mi administrador y yo pensamos: *¿Sabes? tal vez esto esté bien. Es una pena que no hayamos tenido ninguna ayuda, pero tuvimos la oportunidad de quedarnos con todo el dinero.*

PERFIL DEL VERDADERO VIAJERO: JOAN RIVERS

Joan Rivers fue una de las más grandes estrellas en Las Vegas. Ella recorrió la nación, actuando en teatros totalmente llenos, y tuvo un programa de televisión transmitido en todo el país, *The Joan Rivers Show.*

Cuando las personas se enteraban de que hice el acto de apertura para Joan Rivers durante dos años en ese tiempo, me hacían la misma pregunta: «¿Cómo es ella *en realidad*?».

Joan Rivers es una de las personas más buenas y generosas con quienes he tenido el privilegio de trabajar. Nunca se negó a firmar un autógrafo, y aunque tuviera prisa, sacaba tiempo para hablar realmente con quienes la detenían. Además, siempre tuvo tiempo para mí. Me animaba, me molestaba diciéndome que me casara, y constantemente me advertía en cuanto a mi dinero. Me decía: «Prepara un sándwich en mi camerino, Andy. ¿Viste cuántas hamburguesas había en el hotel? Pasea en la limusina conmigo. ¡No te atrevas a pagar un taxi!».

Siempre estaré agradecido con Joan; ella estableció un maravilloso ejemplo de cómo tratar a las personas. La siguiente carta de Joan ejemplifica la Decisión Persistente.

Apreciado Andy:

¿Quieres un ejemplo de un rechazo en mi vida? ¿Solo uno? ¡Tendría suerte de lograr que esta carta tuviera solo una página! Hasta donde recuerdo, yo quería una profesión en el negocio del espectáculo. Y hasta donde recuerdo, las personas me decían que no. El 7 de diciembre de 1958, entré al The Showbar en Boston. Iban a pagarme $125 por semana, dos espectáculos por noche. Ya me había registrado en el hotel al otro lado de la calle. Era un lugar sucio y horrible, pero no me importó. Este era mi primer trabajo.

Ya me habían rechazado todos los agentes de Nueva York cuando encontré a Harry Brent. Este hombre estuvo dispuesto a trabajar conmigo, moldear mi actuación, y finalmente me contrató en The Showbar como Pepper January... «¡Comedia con sabor!». Las cosas estaban mejorando de veras... o eso creí. Después del primer espectáculo, el administrador me llamó, y me dijo: «Oye, Pepper, estás despedida».

Quedé devastada. *¡Despedida!* ¡Despedida de mi primer trabajo! Volví a mi habitación en el hotel de mala muerte y me desplomé. Literalmente no podía dejar de llorar. Lloré mientras permanecía bajo la ducha en esa sucia bañera, con los pies protegidos con medias, ¡y la cortina abierta para que el asesino de Psicosis no pudiera apuñalarme! Parada en esa tina ennegrecida por la suciedad, ya no sabía si lo que luchaba por salir dentro de mí era talento o solo una obsesión. Sin embargo, no me rendí.

Pronto me contrataron y me despidieron de mi segundo trabajo. Harry Brent también me dejó, llevándose el nombre «Pepper January». Me explicó: «Mujeres humoristas puedo encontrar, ¡pero un nombre como este es difícil de hallar!».

Mientras tanto, yo estaba de vuelta en el punto de partida. Déjame resumir esta carta, Andy, diciéndote que lo intenté todo y llamé a todo el mundo. Muy poco funcionó y todos dijeron no.

Mi propia madre dijo: «No tienes talento. Estás desperdiciando tu vida».

Uno de los agentes teatrales más poderoso en el negocio me dijo: «Eres demasiado vieja. De haber triunfado, ya deberías haberlo hecho». El coordinador de talento para The Tonight Show comentó: «Sencillamente no creemos que sirvas para la televisión». El veredicto sin duda parecía estar dictado, pero yo simplemente no podía rendirme.

No tenía dinero. Mi oficina era una cabina telefónica en la estación Grand Central. Yo vivía de una pequeña maleta y dormía en mi auto mientras mi padre amenazaba con comprometerme con Bellevue. En términos generales, no fue una época fácil. Sin embargo, sirvió para dar forma a mi determinación y a una fortaleza interior que desde entonces he invitado muchas veces a mi vida.

Aun mientras escribo esto, es más fácil recordar mis triunfos que los fracasos que he experimentado. Todos tendemos a olvidar los momentos difíciles. Creo que en especial los niños a veces ven el éxito como un «boleto afortunado de lotería» que uno se encuentra por casualidad. Por eso es que creo importante en mi caso hacer notar que yo tenía treinta y un años de edad. Treinta y un años de oír «no» por respuesta. Treinta y un largos años antes de que comenzara la aceptación. Incluso en mis momentos más sombríos, sabía de manera instintiva que mi energía inflexible era mi activo más valioso. La perseverancia, querido mío, siempre será tan importante como el talento.

¡Nunca dejes de creer! ¡Nunca te rindas! ¡Nunca renuncies! Nunca.

Joan Rivers

PENSAMIENTOS FINALES
SOBRE LAS SIETE DECISIONES

Aunque estas son algunas palabras finales y un refuerzo de lo que hemos aprendido juntos, simplemente representan el inicio para ti. Cada día que te comprometas a dominar las siete decisiones se presentará un significado más profundo. Cada día que decidas vivir cada decisión te espera un nuevo mundo de mayores niveles de amor, felicidad, riqueza y risa.

¿IMPORTAS REALMENTE?

Me hallaba en un cuarto de hotel hace un par de meses planchando una camisa, y de alguna manera escuchando la televisión que estaba en el otro extremo de la habitación. En uno de los programas de una cadena noticiosa presentaban las características de un «personaje de la semana». Luego oí decir: «Y por tanto el personaje de la semana es Norman Borlaug».

Deposité la plancha y corrí al televisor. No podía creerlo: ¡Norman Borlaug! El reportero continuó: «A Norman Borlaug, nuestro personaje de la semana, se le atribuye haber salvado las vidas de más de dos mil millones de personas en nuestro planeta».

Quedé pasmado. No sabía que el individuo siguiera vivo... Norman Borlaug, de noventa y un años de edad. Yo sabía quién era. Borlaug había hibridado maíz y trigo para climas áridos. El hombre ganó el Premio Nobel porque descubrió cómo hacer crecer un tipo específico de maíz y trigo que salvó las vidas de personas en África, Europa, Siberia y América Central y del Sur.

A Borlaug le estaban atribuyendo salvar literalmente a dos mil millones de personas en nuestro planeta. Sin embargo, el reportero estaba mal informado; yo sabía que no fue Norman Borlaug quien salvó los dos mil millones de personas. Fue Henry Wallace.

Henry Wallace fue el vicepresidente de Estados Unidos durante el primer mandato de Franklin Roosevelt. No obstante, el exsecretario de agricultura fue reemplazado para el segundo mandato de Roosevelt a favor de Truman. Mientras Wallace fue vicepresidente de la nación usó el poder de ese cargo para crear en México una estación cuyo único propósito era hibridar maíz y trigo para climas áridos. Contrató a un joven llamado Norman Borlaug para dirigirlo. Por eso Borlaug obtuvo el Premio Nobel y fue el personaje de la semana; sin embargo, ¿fue realmente Wallace quien salvó a dos mil millones de personas?

¿O fue George Washington Carver? Antes de que Carver hiciera incluso sus asombrosos descubrimientos acerca del maní y la batata, era estudiante en la universidad del Estado de Iowa. Allí tuvo un profesor de ciencias en lácteos que permitió que su hijo de seis años de edad fuera con Carver en expediciones botánicas las tardes de sábados y domingos. Carver le inculcó amor por las plantas y una visión por lo que estas podían hacer por la humanidad. George Washington Carver señaló la vida de Henry Wallace en esa dirección mucho antes de que ese pequeño niño se convirtiera en vicepresidente de Estados Unidos.

Por tanto, cuando pienses al respecto, es asombroso considerar cómo George Washington Carver «batió sus alas de mariposa» con un niño de seis años, lo que dio como resultado salvar las vidas de dos mil millones de personas, cantidad que sigue en aumento. ¿Es quizás Carver quien debería ser el personaje de la semana?

¿O debería haber sido el granjero llamado Moses, de Diamond, Missouri? Moses y su esposa Susan vivían en un estado de esclavos, pero no creían en la esclavitud, lo que representaba un problema para un grupo de psicópatas llamado la pandilla de Quantrill, que aterrorizaba la región destruyendo propiedades, quemando y matando. Una gélida noche de enero, la pandilla de Quantrill pasó por la granja de Moses y Susan, quemó el granero, disparó y agarró algunas personas. Una de ellas era una mujer llamada Mary Washington, quien se negó a abandonar a su bebé, George. Mary Washington era la mejor amiga de Susan, y esta se angustió. Rápidamente Moses hizo correr la voz por medio de vecinos y pueblos, y se las arregló para asegurar una reunión con la pandilla de Quantrill unos días después.

Moses montó varias horas hacia el norte hasta una encrucijada en Kansas para reunirse con cuatro miembros de la pandilla de Quantrill. Ellos se presentaron a caballo, portando antorchas, y llevando sacos de harina atados en las cabezas, con agujeros cortados para los ojos. Moses intercambió al único caballo que había quedado en su granja por aquello que la pandilla le lanzó dentro de una bolsa de estopa.

Cuando se fueron en sus caballos, Moses se arrodilló y sacó a un bebé de esa bolsa, frío y casi muerto. Puso al niño dentro del abrigo junto al pecho y caminó a casa en medio de la helada noche. En el trayecto le habló al niño, prometiéndole que lo criaría como suyo. Este hombre le prometió educarlo y honrar a su madre, que Moses sabía que ya estaba muerta. Además le dijo a ese bebé que le daría su nombre.

Así es como Moses y Susan Carver llegaron a criar a ese pequeño niño, George Washington Carver. Por consiguiente, cuando piensas en ello, fue realmente el granjero de Diamond, Missouri, quien salvó a las dos mil millones de personas, a menos que...

El punto es que podríamos remontar este viaje a través de la antigüedad. ¿Quién sabe realmente quién salvó a esas dos mil millones de personas?

Quién conoce aquellas acciones que en un momento particular fueron responsables de cambiar todo el curso del planeta... de dos mil millones de personas, ¡cantidad que sigue en aumento!

Y quién sabe a quiénes se les cambiará el futuro por tus acciones de hoy, de mañana, de pasado mañana, y del día siguiente.

Hay generaciones que aún no han nacido y cuyas mismas vidas dependen de las decisiones que tomas porque todo lo que haces importa... no solo para ti, ni solo para tu familia, ni solo para tu ciudad natal. Todo lo que haces nos importa a todos... para siempre.

SÉ PIONERO DE TU PROPIA VIDA

Al dominar las siete decisiones te estarás convirtiendo en pionero de nuevos y desconocidos territorios, tanto interiormente como en el mundo en general. Un pionero es alguien que entra en un territorio hasta ese momento inexplorado o no reclamado, con el propósito de explorarlo y tal vez de colonizarlo, instalarse en él, o venderlo. Los pioneros toman en sus propias manos su destino y el destino de generaciones futuras. Este compromiso abre la puerta a una emocionante aventura con nuevos aliados, nuevos tesoros, y nuevos descubrimientos que se deben hacer respecto a la humanidad.

¿Te seguirán las personas? ¿Qué estás haciendo que sea diferente del resto de la humanidad? ¿Qué caminos estarás abriendo para que otros sigan?

El liderazgo de vanguardia requiere responsabilidad. Al adoptar las siete decisiones te conviertes en líder y guardián para otros. Cuando llevas a otros al éxito y a la vida de sus sueños, se te da a conocer la vida que buscas y mereces.

¿Cómo estás contribuyendo a las vidas de los demás? ¿Qué atraerá a las personas hacia ti? El primer territorio que un pionero debe conquistar es el terreno interior: *¿En quién debo convertirme para que esto suceda? ¿Quiénes quiero que vengan conmigo?*

CONVIÉRTETE EN UN PIONERO

A fin de trazar tus metas y sueños, responde estas preguntas en tu diario:

- ¿A dónde voy?
- ¿Quién debo llegar a ser para que estas cosas sucedan?
- ¿Qué debe ocurrir para que yo llegue allí?
- ¿Quiénes quiero que vengan conmigo?
- ¿Cuáles son los posibles obstáculos que debo enfrentar en este momento y durante el camino?

LOS OBSTÁCULOS DE TU SENDA HACIA LA GRANDEZA

Superar obstáculos, reveses y peligros es un requisito para recorrer tu sendero hacia la grandeza. Debes estar consciente de los posibles retos que yacen por delante; de otro modo te sabotearán y te atacarán por la espalda a lo largo de tu viaje.

Tus principales obstáculos son internos: miedo y duda. Los obstáculos secundarios son aquellos fuera de ti: otras personas y sus críticas, dudas, miradas extrañas y ojos en blanco.

> LOS INDIVIDUOS COMUNES SE COMPARAN CON
> OTRAS PERSONAS. POR ESO ES QUE SON DEL
> MONTÓN. YO ME COMPARO CON MI POTENCIAL. NO
> SOY DEL MONTÓN. VEO EL AGOTAMIENTO COMO LA
> ANTESALA DE LA VICTORIA.

¿Cuáles son algunas de las preguntas más agobiantes que te llegan a la mente cuando piensas en tus metas? *¿Y si fracaso en esto? ¿Y si las personas se ríen de mí? ¿Y si no tengo lo que se necesita para triunfar?*

Todos tenemos patrones de duda o temor que nos limitan en alguna manera cuando confrontamos nuestros sueños. No te sientas mal por tenerlos. Sé consciente de ellos. Tráelos a tu mente consciente.

¿No sería fantástico que pudiéramos vivir como si ya hubiéramos logrado todo lo que nos propusimos hacer? ¿Has grabado alguna vez un partido de fútbol americano? Tal vez fue el partido más importante del año, y te morías por verlo. Evitaste a todo el mundo porque no querías oír cómo terminaba. Pero justo cuando entrabas a tu casa, tu vecino te grita: «Oye, ¿viste cómo ganamos en el último segundo? ¡Fue increíble!».

Vaya, ¡qué frustrante!

Debido a que era el partido más importante del año, lo viste de todos modos, pero no era lo mismo. Cuando tu equipo iba perdiendo en la primera mitad, ni siquiera sentiste esa molestia interna. Cuando tu equipo entró al tercero y al último cuarto, no había razón para gritar a la pantalla del televisor: «¡Unos pases más!». «¡Simplemente aférrate a la pelota!». No te asustaste porque sabías que ibas a ganar.

No estabas seguro de cómo se iba a jugar, pero *ya sabías* que ibas a ganar.

¿Puedes vivir como si ya hubieras ganado? Sabes que habrá dificultades. Sabes que habrá momentos difíciles en el futuro, pero no te vas a asustar ni a enojar. ¿Por qué? ¡Porque vas a ganar!

ÉXITO A TRAVÉS DEL FRACASO

Si en cualquier empeño se debe lograr el éxito, entonces también debe aceptarse el fracaso. Como ya has visto, el fracaso es una constante en las vidas de personas de éxito, y en realidad a menudo es una antesala al éxito. Cada vez que vemos el fracaso como la «última palabra», nos privamos de un futuro increíble que podría haber sido nuestro.

Cuando como ingeniero de 3M Corporation, Spencer Silver propuso crear pegamento súper adhesivo, su reputación estuvo en juego. Él había sido el principal investigador de muchos adhesivos exitosos que 3M había registrado y vendido en el pasado. Sin embargo, esta vez el «rey del adhesivo», como sus compañeros lo llamaban, produjo un pegamento que era flácido, débil y de consistencia seca. A pesar de las risas de sus colegas, Spencer se dio cuenta de dos características diferentes de este fracaso particular: el adhesivo se podía usar una y otra vez, y no dejaba residuo *en ninguna superficie* al ser retirado.

EL FRACASO ES LA ÚNICA POSIBILIDAD DE
VIDA QUE ACEPTA LAS COSAS COMO ESTÁN.
AVANZAMOS ¡O MORIMOS!

Tal vez debido a estas dos características, Spencer soportó con paciencia (y con buen humor) las bromas del lugar de trabajo y decidió comunicar su descubrimiento a todos en la oficina. Uno de sus compañeros de trabajo, un hombre llamado Arthur Fry, cantaba en el coro de su iglesia y a menudo se molestaba por perder el hilo en el himnario. Al oír del fracaso de Spencer, Arthur Fry vio un uso inmediato para un adhesivo que se podía quitar fácilmente, que no dejaba residuos, y que se podía usar varias veces. ¡Las Post-it Notas se convirtieron en un gran éxito! Pero primero fueron un fracaso.

Muchas veces el fracaso es el camino hacia algo más grande de lo que se esperaba. Es más, puedes depender de manera fiable en el fracaso como un camino hacia nuevas perspectivas y nuevas ideas. Así que pon la «agonía de la derrota» en su lugar apropiado: ¡un lugar de honor! Después de todo, la «emoción de la victoria» es solo una recompensa más para la persona que ve correctamente al fracaso como una experiencia de aprendizaje, una fábrica de ideas, y una oportunidad de demostrarnos a nosotros mismos, y a los demás, que somos adaptables, imaginativos y fuertes.

EL REINO DE INFINITAS POSIBILIDADES

Si nos dejamos llevar por el miedo y la duda no podremos disfrutar la victoria en el juego. En lugar de preguntar: *¿Qué tal si fracaso?*, cambia esa pregunta basada en el miedo por la positiva: *¿Qué tal si tengo éxito?*

¿A quién podría alcanzar? ¿Y si yo me amara a pesar de los juicios de los demás? ¿Y si este matrimonio sí funcionara? ¿Quién tendría yo que llegar a ser, y qué tendría que hacer?

Las verdaderas recompensas de la vida (amor, felicidad y satisfacción) vienen a través de nuestro crecimiento interior. Cuando te esfuerzas, creces, y las recompensas de la vida se logran a través de este crecimiento. Una vida de crecimiento te producirá interminable realización, y dominar las siete decisiones te ayudará a tener esa vida, allanando el camino hacia posibilidades ilimitadas.

Por medio de tus esfuerzos debes demostrar que eres digno de obtener el objetivo que te has propuesto alcanzar. En definitiva, este viaje tiene que ver con descubrir el profundo nivel de la grandeza que Dios ha puesto dentro de ti. ¿Se necesitará esfuerzo? ¡Por supuesto! Se necesitará hasta la última gota de esfuerzo y energía para que alcances tu potencial.

CUANDO TE ESFUERZAS, CRECES, Y LAS RECOMPENSAS DE LA VIDA SE LOGRAN A TRAVÉS DE ESTE CRECIMIENTO. UNA VIDA DE CRECIMIENTO TE PRODUCIRÁ INTERMINABLE REALIZACIÓN, Y DOMINAR LAS SIETE DECISIONES TE AYUDARÁ A TENER ESA VIDA, ALLANANDO EL CAMINO HACIA POSIBILIDADES ILIMITADAS.

Zacarías 13.9 afirma: «Te pasaré por el fuego y te purificaré. Así como se refinan y se purifican el oro y la plata» (paráfrasis del autor). Las partes de oro en ti ya existen. Solo tienes que descubrirlas atravesando valientemente las puertas negras del miedo en tu vida. Caminar a través de tus temores te ayudará a encontrar tu libertad. Podrás *creer* esto, pero no lo *sabrás* hasta que enfrentes tu temor y quites sus obstáculos para poder darte cuenta de tu grandeza natural.

Parece tan temible y azaroso caminar a través de tus miedos porque contienen mucho de «desconocido». ¿Y si hubiera un método fiable de abrirse camino a través del miedo? ¿Seguirías este método si supieras que al hacerlo convertirías en realidad tus sueños y visiones? Bloquea estas palabras en tu mente y en tu corazón: «Haz lo que temes».

Si tienes temor a la muerte, hazte voluntario durante varias horas a la semana en un hogar de ancianos o un centro de vida asistida. Si tienes miedo al rechazo, invita a almorzar a la persona más importante en tu vecindario. Si tienes miedo de hablar en público, toma un curso de oratoria o cumple como maestro de ceremonias en tu club local. Si tienes miedo de fracasar, haz exactamente aquello en lo que temes fracasar. Fracasa rotundamente y descubre todas las oportunidades que el fracaso ofrece.

¿Qué sucederá si haces aquello que temes? Al principio podrías sentirte incómodo. Podrías sentirte inseguro o incluso inútil, pero hacer lo que temes es como pelar una cebolla: se revelan capas de equipaje innecesario que estás llevando contigo. Y cuando cada capa se presenta, puedes pelarla, exponer la ilusión por lo que es (no algo real), y deshacerte de ella. Al otro lado de este experimento está la libertad del temor, ¡y la realización de tus sueños!

Una telaraña interminable de decisiones

¿Cuáles son las fuerzas ocultas que obran en nuestras vidas, y cómo podemos rastrearlas? ¿Qué efecto tienen nuestras decisiones en el resto del mundo?

En 1980, Tim Berners-Lee estaba pasando una temporada de seis meses como ingeniero de software en Cern, un laboratorio europeo de física de partículas en Ginebra. El hombre estaba experimentando con el fin de crear un programa para organizar sus notas.

Él había ideado un programa de software que, como lo expresó, «podía organizar todas las asociaciones fortuitas que nos encontramos en la vida real y que se supone que los cerebros son tan buenos para recordar, pero que en ocasiones no logran hacerlo».

Lo llamó Enquire, abreviatura para Enquire Within upon Everything [Investiga dentro de todo], basándose en una enciclopedia de su infancia.

En base a ideas de diseño de software de la época, Tim formó una especie de cuaderno de hipertexto en el que las palabras en un documento se podían vincular con otros archivos de su computadora, y que él podía catalogar con un número. (Recuerda que en esa época no había ratón con el cual hacer clic.) Cuando Tim pulsaba ese número, el software automáticamente desactivaba el documento relacionado. Funcionaba espléndida y confidencialmente, y nadie más podía usar este software. Solo funcionaría en la computadora de Tim.

TARDE O TEMPRANO, A TODO HOMBRE DE CARÁCTER
LE CUESTIONARÁN ESE CARÁCTER. TODO HOMBRE
DE HONOR Y VALOR ENFRENTARÁ CRÍTICAS INJUSTAS,
PERO NO OLVIDES QUE UNA CRÍTICA INJUSTA NO
TIENE EFECTO ALGUNO SOBRE LA VERDAD. Y LA
ÚNICA MANERA SEGURA DE EVITAR LA CRÍTICA ES NO
HACER NADA NI SER NADA.

Tim se preguntó: *¿Qué pasaría si yo quisiera añadir información que está en la computadora de alguien más?* Después de obtener permiso, tendría que hacer el trabajo aburrido de añadir el nuevo material a una base central de datos. Pensó que una solución incluso mejor sería permitir que otros abrieran los documentos de él en sus computadoras y que les permitiera vincular las informaciones de esas personas a la de él. Podía permitir el acceso a sus companeros de trabajo en Cern; sin embargo, ¿por qué detenerse allí? *¿Por qué no abrirlo a científicos de otras partes?* En el esquema de Tim, no habría administrador central. No habría ninguna base central de datos y absolutamente ningún problema de clasificación de datos. El asunto podría expandirse como una selva. Sería algo indefinido e infinito.

Más tarde Tim reveló: «Podríamos ser capaces de saltar de la documentación de software a una lista de personas, una guía telefónica, un organigrama, o lo que sea». Este ingeniero de software confeccionó un sistema codificado relativamente fácil de aprender al que denominó Hyper Text Markup Language [Lenguaje de marcado de hipertexto]: HTML. Desde luego, HTML se ha vuelto el lenguaje de la Red: es el modo en que los desarrolladores de la Red ponen las páginas web que incluyen texto con formato, vínculos e imágenes.

Tim diseñó un esquema de direccionamiento que daba a cada documento una ubicación exclusiva, un localizador universal de recursos (URL, siglas en inglés). Además ideó un conjunto de reglas que permitían que esos documentos se unieran entre sí en computadoras conectadas por líneas telefónicas. Tim llamó a ese conjunto de reglas Hyper Text Transfer Protocol [Protocolo de transferencia de hipertexto]: HTTP.

Y al final de la semana, Tim confeccionó el primer navegador de la World Wide Web, que permitió a usuarios en cualquier lugar ver el documento de él en las pantallas de las computadoras de ellos.

En 1991, la World Wide Web debutó con un sistema de codificación que trajo orden y claridad a la organización de información. A partir de ese momento la Web y la Internet crecieron como una sola, a menudo a un ritmo exponencial. En cinco años la cantidad de usuarios de Internet pasó de seiscientos mil a cuarenta millones. En cierto punto se estaba duplicando cada cincuenta y tres días.

Tim Berners-Lee, al tratar de organizar sus notas, prácticamente cambió la manera en que vivimos. Aunque trabaja ahora en un cubículo en MIT, ha cambiado el mundo. No sacó provecho de su «invención» como habrían hecho muchas personas. Tim está contento con trabajar silenciosamente en segundo plano, asegurándose de que hasta bien entrado el próximo siglo, todos podamos *investigar dentro de todo*.

Veinticuatro horas y siguen sumándose...

Lo que hagas hoy día tiene importancia para todos nosotros. Lo que no hagas igualmente tiene importancia. Recuerda que nuestras equivocaciones están en el pasado. Debemos perdonarnos y seguir adelante. Elegimos lo que queremos que nuestras vidas sean. ¿Qué elegirías?

Para desencadenar las más grandes facultades creativas que Dios ha planeado dentro de nosotros debemos vivir cada día como si solo nos quedaran veinticuatro horas en este planeta. ¿Cómo actuarías? ¿Cómo te verías? ¿Cómo te levantarías mañana de la cama? ¿Cómo tratarías con esa persona demente que te cortó el tráfico? ¿Cómo te dirigirías de manera distinta a tu hijo de cinco años? ¿Qué te dirías antes de ir a dormir esta noche? ¿Qué dirías a tu cónyuge o a tus padres antes de irte a dormir esta noche?

VEINTICUATRO HORAS DE VIDA

Con los ojos cerrados, toma quince minutos y en silencio examina mentalmente todas las ideas, pensamientos y energías que has recogido de este libro y en tu diario. Deja tu mente abierta a la posibilidad de un futuro brillante.

Pregúntate: *¿Quién me gustaría llegar a ser, y qué me gustaría hacer en las próximas veinticuatro horas de mi vida?* Si lo único que te quedara de vida fueran veinticuatro horas, ¿qué irías a hacer? Toma noventa segundos y escribe en tu diario toda idea que te llegue a la mente.

A continuación, elige tus tres ideas principales y clasifícalas en orden de importancia. Al lado o debajo de estas tres ideas escribe por qué cada una de ellas es importante para ti.

Por último, escribe lo que vas a hacer en este momento para avanzar hacia el logro de estos tres aspectos dentro de las próximas veinticuatro horas. Usa tu imaginación, ¡y recuerda que solo tienes veinticuatro horas de vida!

UNA OPCIÓN DIFERENTE

Toda tu vida no es más que un lienzo de opciones. ¿Qué opción tomarías ahora para cambiar tu vida de un modo significativo y perdurable?

Debes saber esto: eres diferente de todos los demás. En la tierra nunca ha habido alguien como tú, y nunca volverá a haber. Tu espíritu, tus pensamientos y sentimientos, tu capacidad para razonar, todas estas cosas existen colectivamente solo en ti. Tus ojos son incomparables, son ventanas de un alma que también es únicamente tuya. Uno solo de tus cabellos contiene ADN que solo se puede remontar a ti. De las multitudes que han venido antes de ti, y de las que podrían venir, ninguna de ellas duplica la fórmula por la que estás hecho. ¡Eres diferente a todos los demás! ¡Eres especial! Eres elegido. Las cualidades, muchas de ellas raras, que te hacen único no son un accidente.

¿Por qué fuiste creado único y diferente a todos los demás? Se te hizo diferente para que puedas marcar una diferencia. De alguna manera, ¡estás cambiando el mundo! Toda decisión y acción que tomas es importante. Toda decisión que no tomas, toda acción que no realizas, es importante de igual modo. Millones de vidas se están alterando, atrapadas en una cadena de acontecimientos iniciada por ti este mismo día. Tú eliges qué cadena de sucesos iniciarás, sea que te des cuenta o no.

Comprende que se te ha dado todo lo que necesitas para actuar, y la decisión solo es tuya. *A partir de este momento, ¡elegirás sabiamente!* Nunca te vuelvas a sentir inadecuado. No vuelvas a tener pensamientos de pequeñez ni te contentes con vagar sin rumbo. *Eres poderoso. Tú importas.* Tú tienes la decisión, y eres la decisión. *Has sido elegido para marcar una diferencia.*

VIVE LA AVENTURA DEL HÉROE

Como el héroe de tu propia aventura, ahora te encuentras en una encrucijada. Las decisiones que tomes de aquí en adelante determinarán tu destino, por eso elige sabiamente. Así como miles de compañeros viajeros han usado las siete decisiones para transformar sus vidas, tú tienes el poder de hacer lo mismo. Integra estas siete decisiones en tu manera de ser con el mundo, y la aventura transformará tu vida.

La Decisión Responsable: la responsabilidad es mía.

La Decisión Guiada: buscaré la sabiduría.

La Decisión Activa: soy una persona de acción.

La Decisión Segura: tengo un corazón decidido.

La Decisión Alegre: hoy decidiré ser feliz.

La Decisión Compasiva: saludaré este día con un espíritu de perdón.

La Decisión Persistente: perseveraré sin hacer excepciones.

Con todo lo que has aprendido durante la lectura de este libro, ¿qué nuevos cambios dentro de ti ya has comenzado a identificar? ¿Qué ha cambiado? ¿Cómo eres diferente? ¿Cómo estás ahora mejor preparado para representar el papel de héroe y afectar de manera positiva a la humanidad? Escribe estas diferencias en tu diario.

Un destino con meditación de éxito

El texto siguiente es un recordatorio que puedes leer en voz alta todos los días después de haber completado todos los ejercicios de este libro. Esta meditación está diseñada para ayudarte a reforzar todo lo que has aprendido. Léela en voz alta cada mañana al levantarte y cada noche antes de irte a dormir durante los veintiún días siguientes. Por favor siéntete libre de editar o cambiar el texto cuando corresponda.

———————

Voy a ser el padre que siempre he querido ser, el hijo o la hija que siempre he deseado ser, y el más fabuloso amigo en el mundo. Seré un líder a quien las personas busquen en tiempo de angustia.

Mi destino está asegurado. He aceptado la responsabilidad por el lugar en que me encuentro, y entiendo lo que debo hacer para avanzar en mi vida. *La responsabilidad es mía.*

Me hallo en una búsqueda constante de sabiduría, a través de mis asociaciones y de los libros que leo. Entiendo que dentro de un año, por medio de las personas con quienes me asocie, los libros que haya leído, y las decisiones que haya tomado, podré realmente ser una persona distinta. *Estoy avanzando en mi destino con un espíritu de siervo.*

Elijo actuar ahora. *Soy una persona de acción.* Estoy aprovechando este momento.

Tengo un corazón decidido, y me moveré; ¡mi destino está asegurado!

Además avanzaré hacia ese destino con una sonrisa en el rostro porque *decido ser feliz.*

HAY UN HILO DELGADO QUE SOLO SE ENTRELAZA
DESDE TU PERSONA HACIA CENTENARES DE

MILES DE VIDAS. TU EJEMPLO, TUS ACCIONES, Y SÍ,
INCLUSO UNA SOLA DECISIÓN PUEDEN CAMBIAR
LITERALMENTE AL MUNDO.

Tengo un corazón alegre porque he perdonado a todos los que me han ofendido. Y lo más importante, me he perdonado. La vida realmente ha comenzado de nuevo porque entiendo los principios que me guiarán a través de la segunda mitad.

¡La segunda mitad es donde gano! El futuro empieza ahora. *Persistiré sin hacer excepciones.*

Bibliografía

Capítulo uno

La página web de Quotations Page. Cita de Thomas Edison, tomado 3 enero 2007, de http://www.quotationspage.com/quotes/Thomas_A._Edison/.

Capítulo dos

Página web del Instituto Buckminster Fuller: http://www.Bfi.org/.

Capítulo tres

Chamberlain, Joshua Lawrence. *Bayonet Forward*. Gettysburg, PA: Stan Clark Military Books, 1994.

———. *Through Blood and Fire at Gettysburg*. Gettysburg, PA: Stan Clark Military Books, 1994.

Desjardin, Thomas A. *Stand Firm Ye Boys*. Oxford UP, 2001.

«Kentucky Boy Scout to Meet President After Heroic Act». *Bowling Green Daily News* (7 febrero 2003), tomado 17 enero 2005, http://bgdailynews.com.

Monticello, página web de la casa de Thomas Jefferson, tomado 14 diciembre 2004, de http://www.Monticello.org.

Mulick, S. «Heroic Boy Helps Stop Blaze». *News Tribune* (16 agosto 2004), tomado 15 enero 2005, de http://www.thenewstribune.com.

Persico, Joseph E. *My Enemy, My Brother*. Cambridge, MA: Da Capo Press, 1996.

Pullen, John. *The Twentieth Maine*. Alexandria, VA: American Society for Training and Development, 1980.

Shaara, Michael. *Ángeles asesinos*. Madrid: Bibliópolis, 2009.

Capítulo cuatro

Barnum, P. T. *Life of P. T. Barnum*. Whitefish, MT: Kessinger, 2003.

Sitio web de The Literature Network, «James—The Holy Bible—King James Version», http://www.online-literature.com/bible/James/.

Pagden, Anthony, traducción. *Letters from Mexico*. New Haven, CT: Yale UP, 2001.

Capítulo cinco

Página web de Charlie Plumb Motivational Speaker and Author. «Captain J. Charles Plumb Book Excerpts», http://www.charlieplumb.com/book-insights.htm.

Capítulo seis

Mason, John L. *Un enemigo llamado promedio*. Nashville: Grupo Nelson, 1996.

Página web de Forgiveness Project, tomado 21 febrero 2005, de http://www.TheForgivenessProject.com.

Capítulo siete

Entrevista con Erik Weihenmayer, página web de Homiletics, tomado 20 mayo 2005, de http://www.homileticsonline.com.

Sitio web de la revista *Time*. «The Time 100», tomado 3 febrero 2005, de http://www.time.com/time/time100/leaders/profile/mandela.html.

Weihenmayer, Erik. *Touch the Top of the World*. Edición reimpresa. Nueva York: Plume, 2002.

Conclusión

Andrews, Andy. *La oportunidad perdida*. Nashville: Grupo Nelson, 2011.

Página web de My Prime Time. «Special Feature: Celebrate Failure!», por Ashley Ball, tomado 21 enero 2005, de http://www.myprimetime.com/play/culture/content/postyourfailure/index.shtml.

«*Time* Magazine's 100 Most Important People of the Century», tomado 13 febrero 2005, de http://content.time.com/time/magazine/article/0,9171,990627,00.html.

Reconocimientos

Tengo la bendición de estar rodeado por familiares y amigos que se han convertido en un equipo del que me emociona formar parte. Si alguna vez se me percibe como alguien que toma decisiones buenas e informadas, es solo debido a mi confianza en el sabio consejo de estas personas. Gracias a todos por su presencia en mi vida.

A Polly, mi esposa y mejor amiga. Eres hermosa, inteligente e ingeniosa... después de veinticinco años esa es una gran combinación.

A Austin (14) y Adam (11), nuestros hijos. Ustedes me traen alegría y perspectiva. Yo no sabía que podía amar tanto.

A Robert D. Smith, mi administrador y campeón personal. Después de treinta y cuatro años juntos, aún me dejas pasmado todos los días.

A Duane Ward y toda la increíble pandilla en Premiere Speaker's Bureau: ustedes no son solo socios, son amigos.

A Gail y Mike Hyatt, quienes dieron vida a mi carrera como escritor.

A Reneé Chávez, mi editor, cuyo ojo cuidadoso y mente rápida hizo de este un mejor libro.

A Matt Baugher, mi editor en W Publishing Group, y a Joel Miller, quien me ayudó a concebir este producto.

A Todd Rainsberger, quien me ayudó a dar forma a las ideas que se convirtieron en las palabras que nos llevaron a este libro.

A Sandi Dorff, Paula Tebbe y Tommie McGaster. Sin el esfuerzo, la oración y la atención a los detalles de estas tres personas, mis propios esfuerzos casi no habrían llegado a tanto.

A Glen Seale y Ted Seale, por hacer de mi oficina un lugar donde quiero escribir.

A Katrina y Jerry Anderson, Vickie y Brian Bakken, Sunny Brownlee, Foncie y Joe Bullard, Gloria y Bill Gaither, Michelle y Brian Gibbons, Gloria y Martin González, Lynn y Mike Jakubik, Liz y Bob McEwen, Edna McLoyd, Mary y Jim Pace, Glenda y Kevin Perkins, Brenda y Todd Rainsberger, Kathy y Dick Rollins, Jean y Sandy Stimpson, Maryann y Jerry Tyler, Mary Ann y Dave Winck, y Kathy y Mike Wooley. Su influencia en mi vida es innegable, y su ejemplo es muy apreciado.

A Scott Jeffrey, el Bear Bryant de los «entrenadores de vida», quien tomó las palabras de mis discursos y ayudó a formarlas en una narración coherente. Tu habilidad superior para armonizar las diferencias contextuales, tu acabado final, y tu refinamiento fueron indispensables; además, Scott, eres «imprescindible» (¡no me corrijas!). (ScottJeffrey.com)

ACERCA DEL AUTOR

Aclamado por un reportero del *New York Times* como «alguien que discretamente ha llegado a convertirse en la persona más influyente de Estados Unidos», Andy Andrews es un novelista de mucho éxito, conferencista y consultor para las empresas y organizaciones más grandes del mundo. Ha hablado por encargo de cuatro presidentes distintos de Estados Unidos y hace poco se dirigió a miembros del Congreso y sus cónyuges. Zig Ziglar expresó: «Andy Andrews es el mejor conferencista que he visto en mi vida».

Andy es autor de los éxitos de librería del *New York Times, El regalo del viajero, La maleta,* y *¿Cómo matar a 11 millones de personas?* Vive en Orange Beach, Alabama, con su esposa Polly y sus dos hijos.

La
MALETA

*A veces, todo lo que necesitamos
es un poco de perspectiva*

*«Aunque esta poderosa historia lidia con las
preguntas más importantes de la vida, es todo un
placer leerla. ¡La maleta ha sido creado con suma
destreza y está lleno de esperanza!».*

GLORIA GONZALES,
CREADORA DE THE NUTRITION REVOLUTION

PERSPECTIVA

*La diferencia entre una vida común
y una extraordinaria*

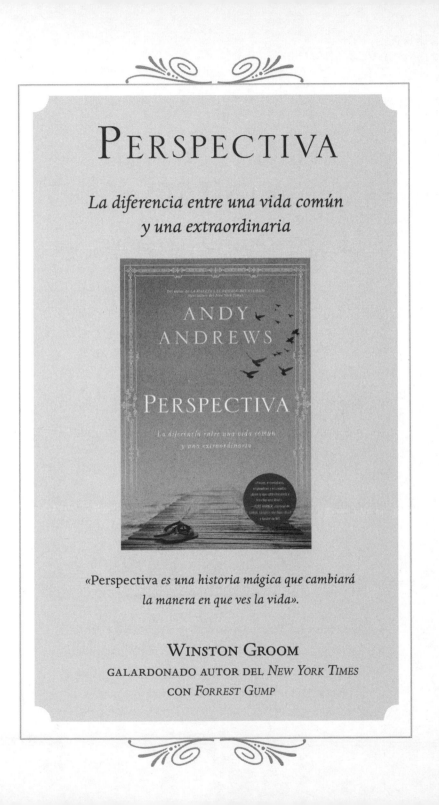

*«Perspectiva es una historia mágica que cambiará
la manera en que ves la vida».*

WINSTON GROOM
GALARDONADO AUTOR DEL *NEW YORK TIMES*
CON *FORREST GUMP*

El
REGALO DEL
VIAJERO

Siete decisiones que determinan
el éxito personal

Has leído acerca de las siete decisiones... Ahora a verlas
cobrar vida en esta parábola de la vida moderna que ha
capturado el corazón y la mente de todo Estados Unidos y
ha cambiado a millones de vidas mientras tanto.